Future star

L'auteur

Jacques Lindecker a quarante-six ans. Il a été instituteur, conseiller d'orientation, journaliste avant de devenir écrivain. Alsacien, il a quitté sa région pour Paris, puis pour la villa Médicis, à Rome, avant de regagner sa terre natale, où il vit aujourd'hui. Il est le père de deux adolescents. Jacques Lindecker est l'auteur d'une trentaine de titres pour la jeunesse, ainsi que d'autres livres pour les adultes, dont trois romans (éditions Belfond, Verticales).

Du même auteur, chez Pocket Jeunesse :

Gagne ! (t. 1 à 10)

Jacques Lindecker

Future star

POCKET
jeunesse

Loi nº 49 956 du 16 juillet 1949 sur les publications destinées
à la jeunesse : mai 2006.

ISBN : 2-266-16239-X

Résumé de Musik & compagnie n° 3 :
Coup de cœur

À l'Académie de la Voix, Lisa travaille d'arrache-pied. Les leçons de chant sont exigeantes, mais elle s'accroche. Soudain, Lisa remarque le jeune homme qui l'accompagne au piano. Elle tombe sous le charme. Qui est ce Thomas ? Lisa veut tout savoir de lui. Et si... Et si la meilleure façon de le voir plus souvent était de lui donner une place dans le groupe ? Aux claviers. En rusant, et avec l'aide de Nora, elle parvient à mettre Marc et Jim de son côté. Thomas accepte de les rejoindre et de quitter le Conservatoire de musique classique. Problème : ses parents ne sont pas du tout d'accord. Heureusement, Lisa garde en réserve une arme secrète : sa mère...

1

Rien ne va plus

— Salut... Je peux entrer ?

— Ben... évidemment ! Tu es chez toi, non ?

Christian fait le timide, voilà qui n'annonce rien de bon. Il ne joue pas avec le groupe, mais il est en quelque sorte son ange gardien. Sans lui, sans sa confiance, jamais Lisa et ses partenaires n'auraient trouvé un local pour répéter. Il a dû batailler ferme contre la directrice du centre socioculturel pour imposer la présence régulière des cinq musiciens.

Elle a eu un argument massue :

— Les locaux sont réservés à des activités,

poterie, yoga, aïkido... pas à un groupe en particulier. Ils n'ont qu'à travailler chez eux !

Christian n'a pas lâché prise. Il a tant insisté que sa chef a craqué. Résultat : chaque apparition de Christian durant les répétitions du groupe est une fête. Aujourd'hui, pourtant, il fait grise mine. Pourquoi ?

Lisa veut en avoir le cœur net :

— Tu en fais, une tête... Tu as encore eu des ennuis avec ta chef ?

— Tu ne crois pas si bien dire.

— Là, tu m'inquiètes...

— Il y a de quoi. Je ne sais pas comment vous l'annoncer, ça me fait super mal mais... voilà... vous êtes virés.

Il y a un court silence stupéfait, puis cinq bouches s'ouvrent sur un seul cri :

— QUOI ?!

Christian voudrait disparaître sous terre, pour cacher sa honte et sa colère. Mais il n'a pas le choix, il doit obéir.

Lisa se demande si son cœur ne va pas s'échapper de sa poitrine tant il bat fort. Prise de cafard, elle éprouve un besoin urgent de réconfort, elle a envie de se blottir au creux d'une épaule amicale, de pleurer peut-être... mais auprès de qui ?

Nora ? Les larmes coulent déjà le long de ses joues. Marc ? Découragé, il a commencé à ranger le matériel. Jim ? Il s'est détourné, le front appuyé contre le mur, froid dehors, bouillant dedans.

Et Thomas, le gentil Tom ? Le dernier arrivé dans le groupe. Lisa est tombée amoureuse du garçon dès leur première rencontre, alors qu'il l'accompagnait au piano durant un cours de chant à l'Académie de la Voix. Elle a déployé des trésors d'imagination pour se rapprocher de lui. Elle est parvenue à ses fins, faisant d'une pierre deux coups : non seulement elle le voit désormais tous les jours mais, en plus, il a accepté de jouer des claviers. Lui, le premier Prix du Conservatoire ! Terminée la musique classique. Un sacré virage... que ses parents ont très mal accueilli, avant de se laisser convaincre par Isabelle, la mère de Lisa et de Marc. Le père de Thomas a même fini par acheter un piano électrique à son fils pour qu'il puisse tenir sa place avec le meilleur matériel possible. Merveilleux !

Oh oui ! Comme Lisa aimerait se réfugier dans les bras de Tom... Mais elle doit se retenir. Même quand les choses vont aussi mal. Elle ne veut pas gâcher ses chances. Elle est dingue de lui, mais le contraire est-il vrai ? Il n'en donne aucun signe. Il l'embrasse sur les joues, comme n'importe quel copain. Il lui sourit, il lui propose un chewing-gum, il la complimente sur sa voix. Rien de plus, rien de moins. Elle, elle rêve d'autre chose : une promenade main dans la main, une sortie (à deux !) au cinéma, une glace qu'ils mangeraient ensemble, serrés sous un parapluie...

Mais rien de tout cela n'arrive. Trop tôt ? Ou jamais ?

Marc la sort de sa rêverie. Il s'adresse à Christian :

— Quand est-ce qu'on doit avoir déménagé ?

— Le plus vite possible...

— Ne tourne pas autour du pot. Ça veut dire quoi, en clair ?

— Une semaine. Je sais, c'est violent. Ce sont les ordres. Désolé.

— Tu n'y es pour rien. Je suis sûr que tu as fait le maximum. Et puis, tu as sans doute pensé à un autre local pour nous... Il doit bien y avoir des endroits en ville pour répéter.

— Ben... en fait... non... je n'ai pas cherché... Tu m'avais parlé de la cave, chez toi.

— Ah, c'est du passé, ça ! Mes parents ne voudront jamais.

— Je croyais qu'ils étaient super-cool, qu'ils vous soutenaient à fond.

— Tu te souviens du scandale de Nora ?

— Tu parles ! Comment oublier un truc pareil ? Quand Lisa et toi aviez caché Nora chez vous, pour faire céder son père qui lui interdisait de jouer de la batterie avec vous.

— Exact. On avait réussi. Le seul problème, c'est qu'on n'avait pas dit à nos parents que Nora se terrait à la maison. Lorsqu'ils ont découvert le pot aux roses, ils n'ont pas apprécié. Pour ce qui est de la musique, ils continuent à nous soutenir... mais pas sous leur toit.

— Il faut les comprendre. On aurait pu

les accuser d'enlèvement et les poursuivre en justice...

— C'est clair. Ils sont sympas, avec des limites. On va faire avec.

Christian réfléchit un instant, avant de soupirer :

— Quel gâchis, quand même. On formait une belle équipe. Vous avez un son d'enfer. J'étais fier d'y être pour quelque chose...

La tristesse de l'animateur gagne chaque membre du groupe. « C'est une fatalité, ou quoi ? » s'interroge Lisa. Faut-il toujours qu'une mauvaise nouvelle vienne assombrir le bonheur ? Le groupe marchait si bien. Une belle aventure. Est-ce qu'on ne peut pas vivre dans la joie et la bonne humeur à jamais ?

Elle fouille sa mémoire et conclut que non. Impossible d'avoir en permanence le sourire aux lèvres. La nuit succède au jour. La pluie au soleil. La défaite à la victoire. Des exemples ? On a une bonne note en français, on se réjouit de l'annoncer aux parents... et, *paf !*, un 7 en maths vient gâcher le paysage. On reçoit en cadeau le jean de ses rêves, on l'étrenne aussitôt, trop pressé de se montrer avec au lycée... et, *vlan !*, on renverse dessus la confiture du petit déjeuner. On est invaincu avec son équipe de foot... et on ramasse un 4-0 contre le dernier du classement. Sans oublier le coup à la cuisse gauche qu'on encaisse en première mi-temps et qui vous fait manquer les trois matchs suivants.

— Lisa... toi qui as toujours de bonnes idées...

La douce voix de Nora parvient à Lisa, comme l'espoir d'échapper à ses sombres pensées. Sauf que Lisa n'a aucune suggestion, pas le moindre début de solution à offrir. Elle n'a plus qu'une envie : s'enfouir sous sa couette... et attendre des jours meilleurs. Marc, hélas, ne l'entend pas de cette oreille.

— Bon, on ne va pas se laisser abattre. Tous les groupes sont passés par là. Au début, personne ne veut de toi. Les gens te chassent, ils disent que ta musique c'est du bruit, que tu es la honte du quartier. Il faut qu'on soit patients. Karma va exister, et pas qu'un peu.

— On a l'air malins, avec le nom de

notre groupe, ricane Jim. Moi, je croyais que le karma, c'était une sorte de bonne étoile, qui ne t'apportait que de la chance.

— Seulement si tu as un *bon* karma, le corrige Nora.

— Vous auriez pu me le préciser quand on a cherché un nom ! Si ça se trouve, maintenant, on est partis pour se traîner la poisse pendant des siècles.

— Moi, s'esclaffe Marc, je veux bien signer pour durer aussi longtemps !

Lisa commence à en avoir assez de cette conversation qui ne mène nulle part. En tout cas, qui n'apporte aucune réponse concrète à leur problème immédiat : trouver une salle de répétition.

— Bon, ronchonne-t-elle d'un ton agacé, quand vous aurez fini de vous agiter comme des marionnettes...

— Du calme, ma fille, ironise Jim. Il n'y a pas mort d'homme. Ce qui nous arrive est grave, mais on a encore le droit de rigoler, non ? Retourne chez papa maman, va !

Jim sait être mordant, cruel, injuste, même quand ça n'est pas le moment. Mais

Lisa n'est pas du genre à se laisser marcher sur les pieds :

— Absolument, Jim, tu as raison, grince-t-elle. Je refuse de perdre mon temps avec les vers de terre de ton espèce. Quand Son Altesse aura trouvé une solution, qu'elle me fasse signe. En attendant, je serai chez papa maman. Et...

— Quoi encore ?

— Si tu ne trouves rien, le groupe explose. Toi, tu es réduit en poussière. Moi, pas. On m'aime beaucoup à l'Académie de la Voix. Là-bas, ils savent reconnaître mon talent.

— Et moi, je retournerai au Conservatoire, susurre Thomas.

Ces mots font froid dans le dos à Lisa. Ah, ça, non, elle ne laissera jamais Thomas s'éloigner d'elle ! Il n'en est pas question. La tâche s'annonce peut-être difficile, mais Lisa ne craint pas d'escalader les montagnes.

Elle en a vu d'autres.

Elle enfile sa veste et, sans un mot, sans un regard, elle claque la porte.

2

Première visite

Une semaine, c'est court... ou très long. Christian a appelé Marc.

— Dans une semaine, j'aurai peut-être du nouveau, lui a-t-il lancé.

— Tu ne peux pas m'en dire plus ? Pour les copains aussi. Tu ne peux pas nous laisser comme ça, on va devenir dingues...

— Désolé, je suis à la bourre. À bientôt, *ciao*.

Depuis, les jours ne se comptent plus en heures mais en secondes de plomb. Attendre est la pire des choses. Marc a hésité avant de se décider à parler à sa sœur. Enfin, n'y tenant plus, il a lâché le morceau en rentrant du lycée. Il en a assez de porter cette angoisse. Il a besoin de la partager.

Lisa manque étouffer de rage.

— Mais... mais... je rêve, j'hallucine... tu es idiot ou quoi ?

— Ça y est, j'en étais sûr, tout de suite les grands mots. Elle aurait fait quoi à ma place, mademoiselle Je-sais-tout ?

— J'aurais harcelé Christian jusqu'à ce qu'il me donne des détails.

— Ah oui ? Et tu fais comment, toi, pour empêcher quelqu'un de raccrocher ? Je suis curieux de connaître ta recette...

— Admettons... Mais tu es au moins allé au CSC le relancer, l'interroger, le supplier ?

— Figure-toi que oui.

— Et alors ?

— Il n'était pas là.

— Tu y es retourné, je suppose ?

— Tu crois vraiment que je n'ai que ça à faire ? Que mes devoirs s'écrivent tout seuls ? Tu es franchement nulle, des fois !

— Ne dis pas ça, c'est injuste.

Thomas accompagne presque toujours Lisa. Il ne s'est pas encore exprimé. Lui, l'enfant unique, n'a pas l'habitude de ce genre de disputes entre frère et sœur. Ça l'effraie un peu. Et voici qu'il élève la voix... pour défendre son amie.

Aussitôt, Lisa a envie de remercier... son frère. Grâce à Marc, Thomas vient de laisser parler son cœur. Lisa passe en quelques secondes de la colère noire au bonheur céleste. Quant à Marc, il s'est calmé.

— Bon, d'accord, je me suis énervé un peu vite. Tu m'avais cherché, aussi...

— Peut-être. Au fait, le coup de fil de Christian, il date de quand ?

— Trois jours.

— Ah, bravo ! Je te savais lent, mais à ce point-là... Et Nora ? Jim ? Ils sont au courant ?

— Pas encore.

— Décidément, le chef garde ses informations pour lui. La confiance règne... Je sens que ça va leur plaire...

— Ce n'est pas ce que tu crois. Je voulais vous protéger. C'est super-dur de rester dans le brouillard, d'espérer une réponse.

— Marc a raison, intervient Thomas.

Pour le coup, Lisa se sent trahie. Il est avec ou contre elle ? Quelle girouette !

Marc, qui connaît bien sa sœur (après tout, ils sont jumeaux), lit dans ses pensées.

— Allez, souris ! Ce n'est pas parce que Tom a volé une fois à ton secours qu'il se prend pour ton chevalier servant. N'est-ce pas, Tom ?

— Euh, oui... enfin, non, bredouille celui-ci, rougissant jusqu'aux oreilles.

★

Le reste de la semaine est une épreuve pour le trio. Car, non seulement il leur faut attendre les nouvelles de Christian, mais, en plus, ils doivent tenir leur langue face aux deux autres. Ils ont en effet décidé de se ranger aux arguments de Marc : se taire, parfois, vaut mieux que parler. En général, les secrets vous gâchent la vie, mais, en de rares occasions, il est préférable de ne pas les dévoiler. Pas trop vite, en tout cas.

Jim et Nora ne sont pas stupides. Ils se rendent compte que leurs camarades se comportent bizarrement. Qu'ils baissent les yeux à la moindre question. Qu'ils parlent beaucoup pour ne rien dire. Pire : qu'ils essaient de les éviter.

Jim s'en ouvre à Nora :

— Tu ne crois pas qu'ils sont en train de nous faire un enfant dans le dos ?

— Hein ? Je ne comprends pas.

— Je t'explique. À mon avis, ils préparent un sale coup.

— Du genre ?

— Un autre groupe, sans nous.

— Tu es fou ! Jamais ils n'oseraient faire une horreur pareille.

— Tu es aveugle ou quoi ? Ils nous fuient, ils nous mentent, ils nous ignorent. Et Thomas et Lisa, cui-cui les amoureux, ils ont sûrement un plan derrière la tête, peut-être avec d'autres caïds du Conservatoire.

— Mais Marc...

— Oh lui, il se laisse embobiner facile.

D'autres jours s'écoulent dans une ambiance de guerre froide. Des « ça va ? », des « tu penses quoi du dernier Robbie Williams ? », des « t'as eu combien en anglais ? »... Que du faux. Des sourires par-devant, des mauvaises pensées par-derrière. Du genre : « Quelle hypocrite, celle-là », ou : « Comment ils font pour être aussi menteurs ? » Ou : « Si ça continue, je vais craquer. » Deux clans, bien séparés. Et l'impression que le groupe Karma part en lambeaux. Des mois de travail qui s'envolent en poussière. Un rêve qui s'évanouit.

Enfin, Christian téléphone.

Il a une solution. Et pas n'importe laquelle.

— Tu as entendu parler du Sector M ? demande-t-il à Marc.

— Je n'y suis jamais allé, mais il paraît que c'est de la bombe. Des copains du lycée m'ont parlé du concert de Superbus qui a eu lieu là-bas. D'enfer. Moi, mes parents m'ont encore pris la tête. Lycée le lendemain égale pas de sortie.

— Tu verrais, c'est une vraie fourmilière. Des musicos partout, des locaux de répétition, un studio d'enregistrement hyper-pro avec tout le matos numérique.

— Mais... je croyais qu'ils n'acceptaient

que les gens qui ont une carte de visite, un producteur, des appuis.

— Ils sont prêts à faire une exception, pour un essai. Et plus, si vous bluffez les responsables.

— Comment tu as décroché ce truc ?

— Disons que je me suis débrouillé, point. Mais ça n'a pas été simple. C'est la haine entre eux et le CSC.

— Pourquoi ?

— Oh, de vieilles histoires. Ma directrice et le responsable du Sector M étaient mariés autrefois, tu vois le tableau...

— Je devine...

— Bon, je te laisse annoncer la bonne nouvelle aux quatre autres... et on se retrouve là-bas samedi après-midi pour les présentations.

★

Le groupe Karma en visite au Sector M ? Imaginez la tête d'un gourmand devant une montagne de gaufres chocolat-chantilly. Ou celle d'un cancre en maths décrochant un 20 sur 20 (et sans avoir copié !). Les yeux écarquillés, la bouche grande ouverte, les jambes flageolantes, ils entrent au paradis – plus timides qu'eux, tu meurs – poussés par un Christian qui s'amuse beaucoup.

— Courage, ils ne vont pas vous manger !

Aucune réaction. Lisa et ses amis se déplacent en silence et à pas menus, avec le sentiment de se comporter comme des éléphants dans un magasin de porcelaine. Tant de câbles traînent sur le sol, tant de personnes se croisent en tous sens, tant d'énergie vous prend aux tripes. C'est presque trop.

Ils essaient de ne pas en perdre une miette, mais leur cœur bat à se rompre. L'impression d'être des intrus, peut-être. La peur d'être chassés d'une minute à l'autre par quelqu'un qui se rendra compte qu'ils n'ont rien à faire dans les parages.

— Hé, salut, Jim ! Qu'est-ce que tu trafiques ici ?

Dans leur dos, une voix retentissante vient d'appeler l'un d'eux. Ils se retournent d'un même élan. Un clone de Jim s'approche, tout sourires. Crâne rasé, tee-shirt blanc, bretelles rouges, jean délavé, Doc-Marten's 20 trous, le look du parfait skin-head. La seule différence avec Jim... c'est qu'il paraît deux fois plus large d'épaules. Une armoire à glace.

Jim se détache du groupe pour le rejoindre et lui taper dans la main.

— Oï, *man*, si je m'attendais à te trouver là !

— Je ne te l'avais jamais dit ? Mon job, c'est roadie. Je termine de remballer les amplis du concert d'hier soir.

Nora glisse à l'oreille de Marc :

— C'est quoi, roadie ?

— Ce sont les gars qui s'occupent de transporter, monter et démonter le matériel des tournées. Les muscles ne sont pas inutiles, comme tu peux le constater.

— Tu l'as dit. Si ce n'était pas un pote de Jim, il me ficherait une sacrée trouille.

— Tu connais l'expression : l'habit ne fait pas le moine. Les gros balèzes ne sont pas forcément des cogneurs...

— Ben... et toi ? demande le géant à Jim. Je ne savais pas que tu fréquentais le Sector M.

— C'est tout frais, *man*. Je suis guitariste dans un groupe. Bon, on se cherche encore, mais j'y crois. Pour les répétitions, on vient de se faire jeter, et les gens du Sector M sont d'accord pour nous accorder une chance.

— Alors ça, ce n'est pas banal ! Normalement, ils refusent les débutants. Qui vous a donné ce ticket ?

Jim pointe Christian du doigt :

— C'est lui, le monsieur Miracle.

— Là, je dis chapeau !

Et, pour bien montrer à quel point il apprécie Christian, le copain de Jim lui flanque une énorme tape amicale dans le dos qui fait voler l'animateur contre le mur.

Lisa et ses camarades sont partagés entre le rire (Christian a quitté le sol) et la crainte (pourvu que monsieur Muscles n'en fasse pas autant avec eux).

En tout cas, ils ont compris que leur venue au Sector M est un honneur, un privilège. Ils vont devoir se montrer à la hauteur.

Ce ne sera pas une mince affaire.

3

Grosse fatigue

Obtenir son ticket d'entrée au Sector M est une chose. Réconcilier les deux clans du groupe en est une autre.

Il faut se parler, s'expliquer, se pardonner. La grande affaire ! Lisa et Jim, pour ne nommer que ces deux-là, ont de sacrés caractères. L'eau et le feu. Mais les mots sont inutiles. Le bonheur d'être admis au Saint des Saints balaie les rancœurs. Dès la première répétition, on sent que la hache de guerre est enterrée. Le coup de génie de Christian a ressoudé l'équipe. Ce faisant, il est devenu leur ami, leur bienfaiteur, leur protecteur. Pourtant, malgré les demandes pressantes de Lisa et de ses camarades, il ne leur apprendra jamais comment il a obtenu le feu vert du Sector M pour les cinq de Karma...

Les premières semaines dans ce temple de la musique sont paradisiaques. Entente extraordinaire, conditions techniques parfaites, progrès immenses. Et dès que la répétition est terminée, ils traînent dans les couloirs pour écouter les autres groupes, pour grappiller leurs trouvailles. Ô surprise, certains de ces « voisins » viennent également les « espionner ». Ou les complimenter pour leur son. Il y a notamment un homme de l'âge de leurs parents qui passe régulièrement ; il leur a demandé l'autorisation de prendre des photos. « Mais oui, pas de problème. » Ils n'ont pas songé à le questionner sur ce qu'il comptait en faire.

Il ne semble plus y avoir de jalousie, de rivalité. Chacun creuse son sillon, se donne à fond pour sa musique. Et tout devient plus facile dès qu'on se sent moins seul.

Lisa, cependant, a un souci. Et elle hésite à se confier. Quand on n'est entouré que de belles choses, pourquoi se plaindre ? Elle a peur de ne pas être comprise. Pourtant, les oreilles amies ne manquent pas. Marc, Nora... et Thomas bien sûr. Ah, les parents aussi.

Son souci ? Lisa est fatiguée. À bout. Entre le Sector M, le lycée... et l'Académie de la Voix, elle ne sait plus où donner de la tête. Au local, les répétitions l'épuisent bien plus qu'à l'époque du CSC. Elle sort de là la gorge en miettes, le corps en sueur. C'était bon, c'était du délire, mais elle rentre quasiment en rampant. Elle finit au dernier moment, à l'arraché, les devoirs pour le lycée. Et les examens s'annoncent à l'école de chant. Les professeurs exigent toujours davantage.

— Comment voulez-vous décrocher votre passage en deuxième année si vous débarquez avec une voix de casserole ! s'énerve Mme Forquin. Quelque chose ne tourne pas rond. Vous ne vous êtes pas mise à fumer, j'espère ?

— Non, juste un petit coup de fatigue, rien de grave, je vous assure.

— À d'autres, mademoiselle Mathieu. Je ne suis pas née de la dernière pluie. Si ça se trouve, vous traînez encore dans des lieux de perdition. Vous savez ce que j'en pense...

— Mais...

— À vouloir courir deux lièvres à la fois, vous risquez de n'en attraper aucun. Et d'aller au-devant d'une cruelle désillusion.

Lisa n'a pas insisté et, comme souvent, a préféré fuir. En sortant de l'Académie, elle n'en mène pas large. Mme Forquin a raison sur toute la ligne. Deux lièvres... Oui, entre Karma et l'Académie, elle se consume. Mais que choisir ? L'énergie du groupe, ou la discipline de l'école ? Elle a envie, elle a besoin des deux. Depuis que Thomas a arrêté le Conservatoire, elle est seule dans ce cas. Seule à s'obstiner.

Lisa s'entête, mais son corps crie grâce.

— Lisa ?...

Elle lève les yeux. Sur le trottoir d'en face, un timide sourire aux lèvres, Thomas agite trois doigts, un salut furtif, deux fois rien. Pendant quelques instants, ils ne bougent ni l'un ni l'autre. Paralysés... par quoi ? Puis Lisa se décide. Dans un sursaut, et sans regarder, elle traverse.

— La voiture ! Attention ! hurle Thomas.

L'auto freine, klaxonne, fait un écart, évitant le choc. Lisa a eu le réflexe de bondir et de se jeter dans les bras de Tom. Elle en profite pour se serrer contre lui. Elle en remercierait presque le conducteur de la voiture...

— Dis donc, heureusement que tu m'as prévenue. Tu m'as sauvé la vie...

— Il n'y a pas de quoi..., bredouille Thomas, l'air gêné.

— Et d'abord... qu'est-ce que tu fais là ?

Lisa connaît la réponse. Elle veut l'entendre de la bouche même du garçon qu'elle adore.

— Oh, je passais par là par hasard et...

— Bouh, c'est pas beau de mentir !

— Quoi ?... Mais... !

— Allez, avoue !

— Bon, d'accord. Je savais que tu finissais à cinq heures. J'ai pensé que tu ne serais pas contre un peu de compagnie après la séance de torture signée Forquin.

— Tu la connais bien, l'adjudante-chef !

— Tu es injuste. Elle est géniale.

— Bof. Enfin, oui. Mais pas commode.

— Ah, ça, les compliments sont rares, avec elle !

— Elle m'en fait parfois, tu sais.

— Tu le mérites.

C'est au tour de Lisa de rougir. Elle n'aime pas ça, montrer sa faiblesse. Elle doit se ressaisir.

— Trêve de politesses ! Et si tu m'offrais un café ?

— Hé, tu ne perds pas le nord, toi ! Tu me prends pour Crésus ?

— Tu as dépensé ton argent de poche ?

— Non, je plaisantais. Mes parents m'en donnent dès que je suis à sec.

— Veinard.

— Privilège d'enfant unique. Mais j'essaie de rester raisonnable. Ils ne roulent pas sur l'or.

Pour Lisa, l'occasion est trop belle. Elle n'a pas si souvent la chance d'avoir Thomas pour elle, rien que pour elle...

Assise en face de lui, elle boit ses paroles. En tête à tête, il ne se montre pas aussi réservé que d'habitude. Il s'enflamme pour un CD, il s'enthousiasme pour l'une de ses nouvelles compositions, il se moque des profs du lycée. Lisa découvre un autre Thomas. Elle est sa première fan.

Il n'empêche... elle a l'estomac noué. Elle n'arrive pas à lui parler de sa fatigue. Elle a eu un boulevard devant elle quand Tom lui a glissé :

— Je te trouve une petite mine. C'est à cause du cours de Forquin ?

Mais elle a évacué la question en plongeant le nez dans sa tasse. Depuis, à chaque silence, elle se promet de se lancer... et elle n'en fait rien.

Ils se séparent sans qu'elle ait pu, sans qu'elle ait su soulager sa conscience, sans prendre conseil auprès de son ami.

Sur le chemin du retour, elle se réprimande intérieurement, se traitant de tous les noms – incapable, lâche, peureuse... Elle aurait dû revenir chez elle le cœur léger, savourant chaque seconde de ce merveilleux moment vécu avec Thomas. Au contraire, c'est la colère qui l'a envahie.

En poussant la porte de la maison familiale, elle se sent délivrée. Elle va pouvoir passer à autre chose, discuter à bâtons rompus avec ses parents. Une petite dispute avec son frère lui ferait peut-être le plus grand bien...

Mais une drôle d'ambiance règne chez elle. Un événement totalement inattendu vient de se produire. Quelque chose qui va bouleverser la vie de Lisa...

4

« Tu fais ta star ? »

Au début, personne n'ose lui en parler. Ce n'est pas vraiment une mauvaise nouvelle, mais ni ses parents ni Marc ne savent comment s'y prendre pour la lui annoncer. Peur de sa réaction ? Certainement. Lisa est connue pour ses sautes d'humeur, ses coups de griffe, ses tempêtes dans un verre d'eau.

Qui sait de quoi elle est capable si elle réagit mal ?

Qui se décidera enfin à l'éclairer ? C'est ce que Lisa se demande en voyant ses proches la fuir l'un après l'autre. Isabelle, sa mère, lui a précipitamment fait la bise avant de retourner fissa à ses fourneaux.

Marc ? Il était certes dans le salon quand elle y est entrée, mais il a bondi de son fauteuil pour monter à l'étage. Et Rémi, son père ? Il a prétexté une réparation urgente dans le garage pour s'éclipser.

Sauf que... en partant, il a eu un geste un peu trop lent. Il a maladroitement caché quelque chose sous une pile de linge à proximité.

Lisa sait désormais où trouver la réponse à l'énigme.

Elle s'approche et soulève le linge. Mais une main la repousse délicatement.

— Lisa...

Isabelle a senti le danger et se tient près d'elle. Lisa sursaute avant de contre-attaquer :

— Quoi, *Lisa* ?!

— Il vaudrait peut-être mieux que...

— Que quoi ? Que tu me dises enfin ce qui se passe ?

— Tu ne veux pas qu'on aille s'asseoir ?

— C'est dingue, ces mystères !

Et, écartant sa mère, elle se saisit de l'objet que son père a fourré sous les draps.

C'est le journal local, ouvert et replié à

la page 36. La rubrique « Culture », barrée d'une énorme photo et d'un gros titre.

La photo ? Les cinq du groupe, avec Lisa au premier plan.

Le titre ? « Karma, les grands de demain. »

Passé le premier moment d'incrédulité, Lisa se tourne vers sa mère.

— Maman... dis-moi que c'est une blague...

— Hélas, je n'en sais pas plus que toi. Je pensais même que tu pourrais m'expliquer. Tu te rends compte, les gens...

— Quels gens ?

— Eh bien... les voisins, tes professeurs, la famille... Tu t'es vue ? Ce haut, tellement court, on aperçoit ton nombril, et tu es toute débraillée et transpirante.

— Ah ça, on peut dire qu'il ne t'a pas loupée, le photographe ! ricane Marc.

Comme par magie, les poltrons sont de retour. Son père et son frère, penchés par-dessus son épaule. Et Marc se moque déjà d'elle.

— C'est une répétition, maman ! On bosse, on se donne à fond. Tu ne peux pas comprendre !

— Merci, je connais le refrain. On est des vieux, on ne comprend rien. En attendant, quelqu'un pourrait-il m'éclairer sur cet article ? Marc ?

— Aucune idée. C'est signé par qui ?

Rémi se saisit du journal pour déchiffrer :

— Un certain Luc Ravenne.

— Inconnu au bataillon, réplique Marc.

— Pareil, soupire Lisa.

— Mais, bon sang ! s'énerve Isabelle. Ce truc ne tombe quand même pas du ciel ! C'est bien vous, sur la photo. Vous l'avez rencontré, ce bonhomme, c'est évident. Pourquoi mentir ?

— Puisqu'on te dit que non ! s'exclame Marc.

Puis il poursuit, s'adressant à Lisa :

— Dis-lui, toi, qu'on n'a rien à cacher !

Mais Lisa ne réagit pas. Jusqu'à ce qu'elle murmure :

— Et si... Bien sûr, c'est lui, comment l'oublier ? Marc, tu vois de qui je veux parler...

— Pas vraiment.

— Le gars, au Sector M, qui vient fouiner sans cesse. Il entre sans se faire remarquer, tout à coup je le découvre dans un coin, puis, paf ! il est reparti. Sans un mot. Je n'ai jamais réussi à lui parler.

Le visage de Marc s'illumine.

— Si, une fois, justement, quand il nous a demandé l'autorisation de nous photographier.

— Tu as raison. Plus de doute... On s'est fait rouler dans la farine.

— Ça dépend... Il dit quoi, ce Luc Ravenne ?

Les quatre membres de la famille se regardent avec gêne. Ils se sont arrêtés au titre et à la photo, mais aucun n'a pris la peine de lire l'article.

— Ben dis donc, souffle Rémi au bout d'un moment, c'est plutôt flatteur. D'après ce qu'il écrit, vous allez faire un malheur. Vous avez lu comme moi : « un son original, à la fois puissant et raffiné », « des compositions d'une qualité stupéfiante », « une voix sensuelle, envoûtante, de l'énergie à revendre ». Mazette !

— Depuis le temps qu'on vous le répète, s'enfièvre Marc en bombant le torse. Vous pouvez être fiers de nous.

Isabelle répond par une petite moue :

— Mouais. Vous n'êtes pas encore professionnels, que je sache. Le lycée reste la priorité ! Je ne suis pas certaine que ce... ce spectacle vous fasse une bonne publicité auprès de vos professeurs. Et toi, Lisa, tu imagines la réaction de ceux de l'Académie ?

Oui, Lisa l'imagine. Elle entend déjà les reproches d'Hélène Forquin. Elle va prendre un sacré savon... Bah, c'est le prix à payer. Rien de grave. Lisa est aux anges.

Enfin, quelqu'un vient de reconnaître son talent.

★

Le téléphone sonne sans interruption toute la soirée. Lisa a supplié ses parents de brancher le répondeur pour filtrer les appels. Ils ont accepté... et les seuls qui ont eu droit à une conversation sont les trois autres membres du groupe, ainsi que Christian.

La bande a été conviée d'urgence à une réunion de crise chez les Mathieu. Lisa et

Marc étaient heureux de retrouver leurs camarades, de partager leur enthousiasme pour l'article... Et c'est la douche froide.

— Heureusement que Jim m'a prévenue à temps, soupire Nora. Et que mes parents ne lisent pas. J'ai pu leur expliquer à ma façon, genre : on a eu droit à trois lignes dans un vague coin du journal. Et je remercie le ciel de jouer de la batterie, comme ça on me distingue à peine sur la photo.

— Pareil pour moi, renchérit Thomas. Un coup de bol, j'apparais de profil, un peu tassé derrière mon clavier. Mais, même comme ça, ma mère a trouvé que c'était honteux. Quant à la réaction de mon père, je crains le pire... il n'était pas encore rentré de son travail. Je te plains, Lisa, ça doit être affreux : on ne voit que toi.

Lisa s'apprête à le détromper, à lui dire sa joie d'avoir obtenu cet article, mais Jim la devance :

— Tout est ma faute.

Les autres le dévisagent, bouche bée.

— De quoi parles-tu ? riposte Christian. Personne n'est responsable de quoi que ce soit dans cette affaire.

— Si, moi. Vous vous souvenez de mon pote, le roadie ?

— Difficile de passer à côté... sourit Christian.

— Après notre rencontre au Sector M, il m'a présenté à ce mec, Luc Ravenne. Il voulait que je lui déballe notre histoire. Vous me connaissez, je suis pas une balance, mais ce gars, c'est un pro. Ni vu ni connu, il m'a tiré les vers du nez. Et voilà le travail. Désolé.

Les regrets de Jim ont pour conséquence immédiate de souder les membres de Karma. Pour le soutenir. Lisa peut enfin plaider sa cause :

— Non, mais vous vous rendez compte de la chance qu'on a ! Grâce à toi, Jim. Les journaux, les médias, c'est super-important. Je suis sûre que les autres groupes du Sector M doivent être verts de jalousie. Il y en a qui attendent des années avant d'avoir un tel article.

Ses amis hochent la tête, à demi convaincus. Mais l'unité du groupe est sauvée. La soirée se termine dans la bonne humeur, chacun rêve à voix haute de l'avenir de

Karma. Des concerts, une scène à Paris, un premier album...

C'est la tête pleine d'étoiles que Lisa se rend au lycée le lendemain matin, en compagnie de Marc et de Thomas. Et le moins que l'on puisse dire, c'est qu'elle tombe de haut.

Là où elle attendait des « wouah ! », des « super ! », des « bravo ! », elle récolte des regards méprisants, des « alors, on fait sa star ? ». De mauvais plaisantins ont photocopié l'article par dizaines d'exemplaires et les ont affichés dans les couloirs. Comble du mauvais goût : ils ont maquillé le visage de Lisa à grands coups de feutre rouge, lui donnant un aspect de sorcière, de vampire.

Lisa touche le fond. Jamais elle n'a été humiliée de la sorte. Elle a l'impression qu'elle ne s'en remettra pas.

— Ce sont des idiots, lui glisse Thomas pour la consoler. Tu es la meilleure, la plus belle, crois-moi. Et eux aussi finiront par l'admettre.

Ces mots, elle les espérait depuis si longtemps. Enfin, celui qu'elle aime en secret ouvre grand son cœur. Elle s'appuie contre son bras.

— Partons, souffle-t-elle. Je ne me sens pas la force de les affronter en classe.

— Pas question ! s'exclame Thomas. Tu dois te battre. Souviens-toi de ce que tu me disais quand j'avais peur d'annoncer à mes parents que j'arrêtais le Conservatoire. Ne jamais baisser les yeux. Avancer et être fier de ce qu'on est, de ce qu'on fait.

Oui, Lisa se souvient. Mais il est beaucoup plus simple de donner un conseil à quelqu'un que de l'appliquer soi-même. Elle se sent perdue, démunie. Elle éclate en sanglots.

Thomas ne peut réprimer un cri :

— Lisa !

5

« Mademoiselle Mathieu ? »

Thomas n'a pas eu le choix. Il a raccompagné Lisa chez elle. Et il a décidé de rester avec elle le temps que la jeune fille se remette de ses émotions.

La situation se complique, pour lui : non seulement ses parents n'ont pas apprécié l'article, mais, par là-dessus, il va devoir leur demander de remplir un billet d'absence pour le lycée. Eux qui détestent les excuses bidons...

Les sentiments de Lisa sont plus mêlés. Oui, elle a vécu le pire moment de sa vie en découvrant son visage peinturluré sur les photocopies de l'article. Mais il y a eu la présence de Thomas, les paroles de Thomas, les bras de Thomas. En plus, elle n'est pas du genre à se lamenter cent sept ans sur ses petits malheurs. Déjà, elle a envie de rebondir. Et c'est si doux, en compagnie de son Tom chéri...

Alors qu'elle est affalée sur le canapé du salon, l'air maussade, sans énergie, elle s'exclame soudain :

— Il faut que je chante !

Thomas croit d'abord qu'elle délire.

— Tu ne te sens pas bien ?

— Peut-être. C'est vrai qu'ils m'ont rendue malade, ces imbéciles. Mais c'est fini maintenant, oublié. Dépêche-toi, on file au Sector M !

Thomas a juste le temps d'attraper son blouson. Les questions se bousculent derrière ses lèvres mais il doit rattraper Lisa avant de pouvoir les poser.

Elle, c'est de la fièvre qu'elle a dans le sang. Thomas a raison : un jour, le monde entier saura apprécier son talent. Les idiots seront à ses pieds. Pour arriver à ça, il n'y a qu'un moyen : le travail. Au lieu de continuer à se morfondre chez elle, Lisa a décidé de mettre les bouchées doubles. Et puisqu'elle a son pianiste adoré sous la main...

— Tu es... folle, balbutie Thomas, hors d'haleine, dans le bus qui les amène au Sector M. Tu te rends compte, si on se fait choper ?

— Par qui ? répond Lisa, avec une candeur feinte.

— Tu m'as très bien compris. En ce moment, on devrait être en cours. En classe ! Si on croise un prof, on est bons pour le conseil de discipline.

— Hé, tu n'es pas obligé de me suivre...

Thomas demeure muet face à un tel culot. Lisa est incroyable : un instant, vous lui sauvez la vie et, dix minutes plus tard, elle ne vous connaît plus. Il faut vraiment l'aimer beaucoup pour la supporter.

Est-ce que *lui* l'aime *vraiment* ?

— À quoi tu penses ? l'interrompt Lisa.

— ...

— Tu n'es pas fâché, j'espère ? J'ai dit ça pour te taquiner.

— Tu n'avais pourtant pas l'air de plaisanter...

Elle part d'un énorme éclat de rire, qui fait se retourner sur eux les rares passagers du bus.

— Je ne suis pas seulement une grande chanteuse, je suis aussi une actrice de premier plan. Je sais jouer la comédie comme personne.

— Merci de me l'apprendre... marmonne Thomas, déconfit.

Lisa ne comprend pas qu'elle vient de commettre une très grosse gaffe. Elle se met à chantonner, sans remarquer que Thomas s'est légèrement éloigné d'elle. Le nez collé contre la vitre du bus, il ne la regarde plus. Elle essaie de le chatouiller, mais il ne réagit pas. Petit à petit, elle prend conscience du mur qui les sépare. Thomas boude. Pourquoi ?

Elle s'interroge. Ses derniers mots lui reviennent en mémoire : « Je sais jouer la comédie comme personne. » Désormais, Thomas va penser qu'elle ne dit jamais la vérité. Qu'elle ment en permanence, y compris sur ses sentiments. Qu'elle n'est pas *réellement* amoureuse de lui... Sans le vouloir, elle a peut-être blessé Thomas.

Une fois encore, ses mots ont dépassé sa pensée. Sa mère le lui serine assez souvent :

— Lisa, tu vas trop vite. Parfois, il faut savoir attendre, se contrôler. Tu connais le proverbe : « Il faut tourner sept fois la langue dans sa bouche avant de parler. »

Le ciel vient de lui tomber sur la tête. Retour à la case départ.

Thomas la tire violemment par la manche, l'arrachant à ses idées moroses.

— Lisa, tu es dans la lune ? On descend !

Ils ont à peine le temps de sauter du bus avant que les portes ne se referment. Deux minutes plus tard, en arrivant au Sector M, Lisa a pris une résolution : elle va reconquérir Thomas. Et pas plus tard que tout de suite, en le charmant par sa voix. Elle va donner le meilleur d'elle-même durant leur répétition à deux.

Roger, le concierge du Sector M, fait une drôle de tête en les voyant débarquer.

— Lisa ? Thomas ? Quel... bon vent vous

amène ? Vous n'êtes pas prévus sur le planning.

— La salle n'est pas libre ? demande Thomas.

— Si, si... C'est juste que je n'ai pas l'habitude de vous voir à cette heure-ci.

— C'est la première fois, en effet. Des profs sont absents, au lycée, et comme on rame sur un ou deux morceaux, on s'est dit, avec Lisa, qu'on ferait bien d'en profiter pour les travailler...

— Ah, belle initiative ! Tenez, voici les clés.

— Merci, Roger. À plus !

En se dirigeant vers la salle de répétition, Lisa murmure à l'oreille de Thomas :

— Dis donc, tu ne te défends pas mal, toi non plus, question mensonges...

Le garçon proteste :

— J'ai horreur de ça. Mais j'étais bien obligé.

Lisa a envie de le défier, d'enfoncer le clou, mais elle se contente de sourire sous cape. Elle doit se montrer patiente, calme et douce. Une sainte, en quelque sorte. Un vrai rôle de composition. Mais elle est prête à beaucoup de choses pour regagner le cœur de Thomas...

C'est une impression étrange de pénétrer à deux dans le local. Juste elle et lui. Tout devient soudain trop grand. Elle a envie de se réfugier dans un coin. Elle branche néanmoins son micro, Thomas son piano. Ils choisissent de reprendre *Nights in White Satin*, une chanson qui date de 1967, d'un groupe anglais : les Moody Blues. Marc a découvert le disque dans le stock des parents. À l'origine, elle était chantée par un homme, mais Lisa adore autant la musique que les paroles. Un magnifique chant d'amour, parfaitement adapté à sa tessiture. Et Thomas semble aussi l'apprécier.

Mieux que ça. Il fait à Lisa une proposition qui la propulse au septième ciel :

— On pourrait se regarder, non ?

D'habitude, en effet, elle préfère tourner le dos au groupe. Pour se concentrer sur sa voix, pour se mettre en position d'affronter un public. Marc essaie sans cesse de la convaincre de leur faire face, mais elle n'obéit que rarement.

— Mais oui, quelle bonne idée ! se réjouit-elle.

Ils répètent quatre fois le morceau. Jusqu'à éprouver un sentiment de perfection. Ils ont l'impression de ne pas pouvoir faire mieux. Puis, ils s'accordent un petit plaisir : *Feel*, de Robbie Williams, qu'ils n'ont plus joué depuis plusieurs mois.

Hélas, au beau milieu de son interprétation, alors qu'elle est émue jusqu'aux larmes, Lisa entend la porte du local s'ouvrir derrière elle. Elle stoppe net et se retourne vivement, prête à décocher un regard plein de haine à l'intrus.

Elle ne l'a jamais vu. Ce n'est pas Luc Ravenne. Un autre journaliste ? L'inconnu se dirige vers elle, massif, les cheveux longs retenus en queue-de-cheval, entièrement vêtu de noir. Il porte des lunettes à monture rectangulaire que Lisa trouve ridicules. Il va certainement lui demander l'autorisation de rester dans la pièce, afin de les espionner. Il peut toujours rêver... Ce sera non. Elle n'a pas envie de gâcher ce moment de pur enchantement avec Thomas.

Mais la question de l'homme, inattendue, la déroute.

— Mademoiselle Mathieu ? Est-ce que je peux vous parler une minute ? Seul à seul.

Comment connaît-il son nom ?

6

Le contrat

— Seul à seul ?

— Oui, simplement vous et moi.

— Vous voulez dire, sans... ?

Et elle désigne Thomas, qui commence à se demander ce qu'ils complotent. L'inconnu hoche la tête d'un air entendu, histoire de signifier qu'il souhaite *vraiment* le départ de Tom.

Lisa rue dans les brancards.

— Il n'en est pas question ! Et d'abord, qui êtes-vous, monsieur Sans-gêne ?

L'homme, visiblement surpris par la réaction de la jeune fille, fait patte de velours :

— Vous avez raison, mademoiselle, je

manque à tous mes devoirs. Voici ma carte de visite.

Lisa saisit le bristol du bout des doigts, comme si elle craignait de se salir. Elle lit :

DAVID MOSER
Agent artistique.

Qu'est-ce que ça signifie, « agent artistique » ? Lisa n'en a pas la moindre idée. *Artistique* peut vouloir dire que l'inconnu est du côté des artistes, leur soutien, leur conseiller. Toutefois, méfiance ! Christian les assomme sans arrêt avec des histoires de pique-assiettes qui rôdent autour des groupes ou des chanteurs, des escrocs qui veulent se faire de l'argent sur leur dos. Alors... ami ou ennemi ?

Le silence s'épaissit dans la pièce. Le dénommé David Moser préfère ne pas brusquer les choses, il est habitué aux sautes d'humeur des... artistes. C'est son quotidien.

Lisa finit par relever les yeux, l'air plein de défi :

— Et alors ?

— Vous m'intéressez.

— Pour le moment, ce n'est pas réciproque.

— Oh, je vous comprends. À votre place, je réagirais de la même manière.

— Vous n'êtes pas à ma place.

« Décidément, songe David Moser, cette fille est plutôt récalcitrante. Un sacré caractère. » Comme il les aime. Mais il va devoir jouer finement...

Il reprend l'initiative, haussant le ton pour que Thomas l'entende aussi :

— Vous allez peut-être me trouver plus sympathique si je vous dis que je gère la carrière de Patricia Marlowe, de Judy Parish, de Véronique Grange, de Rosa Raymond. Entre autres.

Lisa réfléchit en vitesse. David Moser a lâché le nom de quatre chanteuses. Des voix magnifiques. Mais des vieilles. La plus jeune a au moins quarante ans. Pas grand-chose à voir avec eux : visiblement, l'« agent artistique » ne s'occupe ni de groupes ni de jeunes. Il est temps qu'il dégage.

Elle affiche la plus repoussante des moues pour déclarer :

— Bof. Ça te dit quelque chose, Thomas ?

— À peine, répond celui-ci, trop heureux d'être associé à la conversation... et de se ranger aux côtés de Lisa.

Cependant, David Moser a encore un atout dans sa manche.

— D'accord, vous me prenez peut-être pour un ringard. Mais, vous savez, même si nous ne nous sommes jamais rencontrés, je rôde très souvent dans les couloirs du Sector M. Je laisse traîner mes oreilles... qui m'ont rapporté beaucoup d'éloges vous concernant. Et j'ai, bien sûr, dévoré l'article de Luc Ravenne.

Lisa se sent parcourue d'un doux frisson. La lionne se transforme sur-le-champ en chat ronronnant.

— Ah oui ?

— Et les enregistrements que j'ai eu le privilège d'écouter m'ont, je dois le confesser, profondément impressionné.

— Quels enregistrements ? s'écrient en chœur Thomas et Lisa.

David Moser comprend qu'il a commis une erreur. Il était sur le point d'amadouer les deux musiciens, et les voilà de nouveau sur leurs gardes. Il lui faut d'urgence se rattraper.

— Hum... je vois qu'on ne vous a pas prévenus. Le Sector M garde une trace de toutes les répétitions, et des gens comme moi peuvent les consulter.

— C'est insensé ! s'exclame Thomas. Ils auraient pu nous prévenir, nous demander notre avis !

— Sincèrement, je pensais que c'était le cas. Je suis désolé.

— Ça ne va pas se passer comme ça ! continue Thomas.

Il semble scandalisé. Lisa l'a rarement vu dans cet état. Il se tourne vers elle.

— Je vais essayer de trouver quelqu'un, le directeur ou autre. Roger va peut-être pouvoir me renseigner. Je n'en ai pas pour longtemps. À tout de suite !

Il disparaît dans un courant d'air, emporté par sa colère.

Pour David Moser, ce départ est pain béni. Ce qu'il espérait secrètement vient de se produire. Il se retrouve enfin en tête à tête avec Lisa. Pour autant, la partie n'est pas gagnée. Il doit à la fois agir vite (Thomas peut revenir d'une minute à l'autre) et en douceur (en caressant Lisa dans le sens du poil)...

Il démarre par un gros mensonge :

— Quel dommage que votre ami soit parti...

Mais Lisa ne se laisse pas manipuler aussi facilement.

— Gardez vos salades. Vous n'attendiez que ça. Seul à seul, vous vous souvenez quand même de vos propres paroles ?

David Moser s'avoue vaincu.

— En effet, c'est vous que je suis venu voir. La chanteuse, pas le groupe.

— Vous trouvez qu'on est mauvais ?

— Ce n'est pas ce que j'ai dit. Je partage d'ailleurs l'opinion de Luc Ravenne : Karma possède d'ores et déjà un son unique. Et sa carte maîtresse, c'est vous.

Le compliment fait mouche : Lisa rougit jusqu'aux oreilles. Elle baisse les yeux, incapable d'ajouter quoi que ce soit. David Moser profite de son avantage pour ajouter :

— Je vous prédis un avenir radieux. Vous pouvez devenir l'une des plus grandes vedettes de ce pays. Avec moi, si vous acceptez de me faire confiance. De me confier la gestion de vos affaires.

Lisa se sent prise d'un étrange vertige. Et si cet inconnu disait vrai ?

Bien décidé à ne plus lâcher sa proie, l'agent artistique joue son va-tout.

— Je suis prêt à rencontrer vos parents dès que possible. À signer un contrat qui nous permettra de travailler très rapidement vos premiers morceaux.

Lisa, sonnée, articule avec peine :

— Mais... le lycée... l'Académie de la Voix ?

David Moser a réponse à tout.

— Pas de souci. Vous aurez droit à des cours particuliers. Surtout, vous pourrez vous consacrer corps et âme à votre passion : le chant. C'est bien votre rêve, n'est-ce pas ?

Il a encore touché juste. Lisa a une dernière réaction.

— Je ne peux pas... le groupe.

Elle a voulu dire : « abandonner le groupe »... mais le mot « abandonner » lui est resté en travers de la gorge. Elle ne pourra jamais.

L'agent a compris. Il porte le coup fatal :

— C'est une chance unique que je vous offre, mademoiselle Mathieu. Si vous la laissez passer, il n'y en aura peut-être pas une deuxième... Je vais devoir vous laisser, j'ai d'autres rendez-vous. Réfléchissez, mademoiselle. Vous avez ma carte, vous savez comment me joindre. N'importe quand.

7

Mensonges et confusions

Thomas entre dans la pièce au moment même où David Moser la quitte. Ils se croisent poliment, sans s'adresser la parole. Lisa s'est écroulée sur une chaise, figée, les yeux dans le vide. Thomas remarque immédiatement que quelque chose ne tourne pas rond.

— Il y a un problème ?

Pas de réponse. Il revient à la charge :

— Vous vous êtes disputés ? Il t'a agressée ?

Lisa semble émerger d'un long sommeil :

— Hein ?... Thomas... Tu es là ?

— Dis donc, tu n'as pas l'air dans ton assiette, toi ! Qu'est-ce qu'il voulait, en fin de compte, David Moser ?

La question a le don de réveiller Lisa pour de bon. Elle se secoue, se redresse, pimpante, sûre d'elle.

— Oh, rien de particulier. Des compliments et rien au bout. C'est un baratineur.

Thomas est perdu. Dix secondes plus tôt, Lisa paraissait si mal en point. Et la voilà gonflée à bloc. Il devine qu'elle joue la comédie, qu'elle lui cache la vérité, mais il ne veut pas la bousculer. Il sait que cela ne servirait à rien.

Quant à Lisa, elle se demande combien de temps elle va pouvoir mentir de la sorte. Elle sent ses jambes la lâcher, son cœur battre dans sa poitrine... mais elle tient bon.

Le meilleur moyen de s'en sortir est encore de changer de sujet :

— Au fait, et toi ? Tu as pu voir quelqu'un de la direction ?

— Oui, le gars de la régie. Tu verrais comme il m'a traité...

— Raconte.

— Il m'a dit qu'il n'aimait pas notre musique, qu'on l'avait forcé à nous accepter, qu'il en avait marre qu'on parle de nous partout, qu'il y avait tellement mieux...

— Sympa, en effet.

— Et je n'ai même pas réagi. Il avait l'air si sûr de lui que ma colère est retombée...

— Pourtant, tu sais mordre. Tout à l'heure, j'ai bien cru que tu allais te jeter sur David Moser quand il nous a parlé des enregistrements.

Thomas flotte un instant avant de poursuivre :

— Ben... je crois que je me sens plus fort quand tu es dans le coin.

Lisa s'enflamme dans la seconde. Une voix intérieure la pousse (« Saute-lui au cou »), une autre lui commande d'attendre (« Tu vas voir, il ne va pas tarder à t'embrasser »)...

À force d'hésiter, ils ne bougent ni l'un ni l'autre. Lisa reprend le cours de leur conversation :

— Et, alors, ces enregistrements ? Ils ont le droit ?

— Il paraît que c'est écrit dans le règlement qu'on a signé en arrivant. Tu l'as lu ?

— Non, je pensais que mon frère s'en était chargé. Il ne m'avait rien signalé de spécial.

— Pareil pour moi...

Soudain, Lisa se rembrunit, à la fois si sérieuse et si lointaine... avant de poser une question d'un seul mot :

— Thomas ?

C'est au tour du garçon de sursauter, d'espérer, de trembler. Lisa semble prête. À quoi ? À lui révéler le contenu de sa conversation avec David Moser ? À lui proposer d'aller plus loin ensemble, main dans la main peut-être ?

Mais, décidément, Lisa n'est jamais là où on l'attend. Une fois encore, elle surprend Thomas. Elle désigne le piano en murmurant :

— On se remet au travail ? Un dernier *Feel* pour se faire plaisir ?

*

Le lycée reprend ses droits en début d'après-midi. Lisa est presque heureuse de rejoindre ses camarades de classe. Durant quelques heures, elle va pouvoir penser à autre chose qu'aux promesses de David Moser.

Car elle a beau faire : les belles paroles de l'inconnu lui trottent en boucle dans la tête.

Et cette interrogation, mille fois répétée : que faire ?

Évidemment, tout serait plus simple si elle pouvait se confier à quelqu'un. Mais, pour l'heure, elle demeure seule face à son choix. Seule et désorientée. Alors, le cours de français, puis ceux de maths et d'anglais sont les bienvenus. Elle se concentre au maximum. Lisa sait se comporter comme une bonne élève.

En fin de journée, le groupe s'est donné rendez-vous au café du Soleil, leur lieu de rencontre préféré. Mais, pour une fois, Lisa s'y rend à reculons. Elle déborde d'anxiété à l'idée de trop se livrer. Le mot d'ordre est : ne rien révéler de l'entrevue avec David Moser. Parler, parler, parler... pour ne rien dire d'important.

Nora et Thomas sont arrivés les premiers. Quand Lisa les aperçoit, plongés dans une grande discussion, elle est prise d'un accès de panique. Et si Thomas était en train de raconter la visite de l'agent artistique ?

Elle parvient néanmoins à conserver un semblant de sourire.

— Eh, les pipelettes, gardez un peu de salive pour les autres !

Nora bondit de sa chaise pour embrasser son amie. Elle a l'air si contente de la voir... Son geste rassure Lisa. Elle en est à présent certaine : Thomas n'a pas parlé.

Marc et Jim ne tardent pas. L'ambiance est au beau fixe. Sauf que... rien n'échappe aux yeux de lynx de Jim.

— Tu m'as l'air bien nerveuse, Lisa...

— N'importe quoi. J'ai le droit d'être un peu crevée, non ? Avec ce qu'on a bossé, ce matin, avec Tom.

— Rien que toi et lui ? ricane Jim. Comme c'est mignon.

Lisa choisit de se taire pour ne pas entrer dans le jeu de Jim. Il sait vous entraîner là où vous ne voulez pas aller. Et il redouble de méchanceté quand il tâte le terrain des sentiments. Surtout ceux de Lisa pour...

— Au fait, vous connaissez la meilleure ? s'emporte soudain Thomas. Nos répétitions sont enregistrées par le Sector *M*.

— Tu délires ? s'exclame Jim.

— Je te jure. On l'a appris ce matin.

Et, se tournant vers Marc :

— On dirait que ça ne t'étonne pas. Tu es drôlement calme... Trop calme, même.

— Je ne vois pas pourquoi tu balances ça, proteste Marc. On dirait que tu me cherches...

— Peut-être. Avec Lisa, on se demandait si tu n'étais pas au courant. N'est-ce pas, Lisa ?

Lisa n'a aucune envie de se mettre son frère à dos. Ils se disputent déjà assez souvent, pas la peine d'en rajouter. Sans compter que, depuis qu'ils jouent ensemble dans Karma, leurs relations se sont nettement améliorées. Malgré tout, elle décide de se ranger au côté de Thomas.

— Exact. Il paraît qu'on a accepté un règlement qui autorise ce genre de pratiques.

Et celui qui a lu et signé ce papier, ça ne peut être que toi, Marc.

Jim a un hoquet de fureur.

— Dis-moi que ce n'est pas vrai, Marc ! Tu ne peux pas avoir fait ça ! Piquer nos répétitions, mais c'est du vol !

Inutile d'attendre de Marc qu'il avoue. Sa tête baissée parle pour lui. Au café du Soleil, de gros nuages noirs viennent de couvrir le ciel bleu... et Lisa est aux anges : son frère retient toute l'attention du groupe. Elle, elle reste dans l'ombre, tranquille. Personne ne viendra l'embêter avec David Moser.

Elle se trompe.

— Quand même, reprend Thomas, c'est drôle, la vie, vous ne trouvez pas ? On était bien ensemble et, vlan !, c'est balayé par une simple mauvaise nouvelle, une stupide histoire de règlement.

Jim fronce les sourcils.

— Écoute, mon gars, tes cours de morale à deux balles...

— Non, mais c'est rigolo. Parce que ça fonctionne aussi dans l'autre sens.

— Je ne comprends rien à tes salades.

— Attends, je développe ! Au Sector M,

ce matin, on s'est pris cette mauvaise nouvelle, d'accord ?

— OK, et ?

— Eh ben, elle a vite été oubliée, remplacée par une sacrée bonne nouvelle pour le groupe.

Dans la même seconde, Marc relève la tête, Nora écarquille les yeux... et Lisa sent le sol s'ouvrir sous ses pieds.

Thomas est en train de la trahir.

Marc se montre le plus impatient.

— Mais parle, alors !

Thomas ne sait pas grand-chose de la rencontre du matin avec David Moser, mais il connaît l'essentiel : le métier de cet inconnu. Agent artistique.

À la fin de son récit, Marc semble écumer de rage.

— J'hallucine. Un professionnel qui se déplace pour nous. Et vous laissez filer une telle occasion...

— Ce n'est pas perdu, répond timidement Thomas. Il a donné sa carte de visite à Lisa.

Quatre paires d'yeux se tournent vers elle, attendant qu'elle s'explique. Elle en est loin. Elle bout intérieurement. Elle déteste Marc, elle déteste Jim, elle hait Thomas. Nora ? On verra plus tard.

Surtout, elle voudrait être ailleurs. Mais les coups de baguette magique n'existent pas, malheureusement !

Comme à bout de forces, elle se met à hurler :

— Je n'ai rien à vous dire !

Et sous le regard de ses amis médusés, mais également de l'ensemble des clients du café qui se demandent quelle mouche a piqué cette fille, elle tire la carte de la poche de sa veste... et la déchire en mille morceaux.

À la fin, elle jette les débris sur la table. Puis elle éclate en sanglots, se saisit de son sac et file.

Thomas tente de la retenir et reçoit pour la peine une gifle monumentale.

8

La tête dans les nuages

« La carte maîtresse de Karma, c'est vous »... « Je vous prédis un avenir radieux »... « Vous pouvez devenir l'une des plus grandes vedettes de ce pays »... « Je suis prêt à signer un contrat »... « C'est bien votre rêve, n'est-ce pas ? »... « C'est une chance unique que je vous offre, mademoiselle Mathieu. »

Lisa a beau faire, elle ne parvient plus à se défaire des promesses de David Moser. Elle essaie désespérément de se concentrer au lycée, mais les professeurs la surprennent sans cesse la tête dans les nuages. Afin de se vider l'esprit, elle se porte volontaire à la maison pour les tâches ménagères. Son zèle surprend son père, ravit sa mère, mais ça ne change rien.

Une phrase revient, obsédante, qui l'empêche même de dormir : « C'est une chance unique que je vous offre, mademoiselle Mathieu. » Et la suite, presque une menace : « Si vous la laissez passer, il n'y en aura peut-être pas une deuxième... » Que faire ? Rappeler David Moser et trahir le groupe ? Ou rester bien au chaud avec Karma et, peut-être, ne jamais devenir célèbre ? Et David Moser, comment le joindre ? Les miettes de la carte de visite ont terminé dans une poubelle du café du Soleil. Tant pis pour elle. Même si... elle pourrait peut-être se renseigner auprès de Roger, le concierge du Sector M, ou du journaliste, Luc Ravenne.

Quelle est la bonne décision ?

Elle se cogne aux murs de ses hésitations. Sa vie semble avoir été mise entre parenthèses. Elle respire un air d'ailleurs, un air sans oxygène, un air qui rend malade. Depuis une semaine, depuis sa colère au café, elle n'a plus mis les pieds aux répétitions. Avec son frère, elle se cantonne aux conversations minimales, bonjour bonsoir, et elle s'enferme dans sa chambre dès qu'il tente de la questionner.

Elle ne sonne plus non plus chez Thomas en se rendant au lycée. Il l'a lâchée, elle ne veut plus entendre parler de lui. Elle le fuit, file dans la direction opposée dès qu'elle l'aperçoit dans les couloirs du lycée ou sur les trottoirs de Mercœur. Elle le sait timide, il ne s'approche pas. Mais, une fois encore, elle se trompe.

— Lisa ! S'il te...

— Laisse-moi ! Je n'ai rien à te dire ! Va jacasser avec les autres.

— Les autres, je m'en fiche. C'est avec toi que je veux être.

Timide, Thomas ? De moins en moins, semble-t-il. Les yeux suppliants, les mains tremblantes, on croirait qu'il implore son pardon. « Ne craque pas », se répète Lisa... tandis que son cœur fond.

Lisa la fière refuse de se laisser attendrir aux premiers mots doux.

— Laisse tomber, Tom ! Tu es mignon, mais c'est trop tard.

Et elle tourne les talons, droite comme une reine, laissant Thomas avec ses regrets. Si sûre d'elle... En apparence. Car la solitude la ronge. Elle a compté sur les doigts d'une main les gens à qui elle pourrait se confier.

Marc ? Impossible. Son jumeau a créé le groupe, ne jure que par lui, il ne comprendrait pas les questions que se pose Lisa.

Jim ? Elle ne le sent pas. Musicalement, elle vit un rêve avec lui. Mais ils demeurent étrangers l'un à l'autre. Tels des animaux (ennemis ? jaloux ? méfiants ?) obligés de cohabiter dans la même cage.

Tom ? Trop fragile. Tout est fragile entre eux deux. On verra avec le temps.

Christian ? Oui, une bonne idée. Il a de l'expérience, il connaît le milieu. Mais il est proche de Jim et de Marc. Il risque de tout leur répéter.

Reste Nora. Son amie, presque une sœur. Elle aimerait qu'elle se manifeste, qu'elle fasse un geste vers elle. Hélas, les jours passent et pas de Nora à l'horizon. Lisa en éprouve une immense tristesse. De la colère, aussi. Du coup, elle se refuse à faire le premier pas.

Personne. Pas la moindre main tendue pour lui venir en aide, pour la soutenir, pour la conseiller. Les idées noires, Lisa se tient la tête dans les mains, prostrée sur les marches qui mènent à l'entrée de la maison familiale.

— Eh bien, qu'est-ce qui t'arrive ? s'écrie Isabelle qui la découvre au retour du supermarché. Ne me dis pas que tu bronzes. Avec ces nuages, ça m'étonnerait...

Lisa sursaute. Perdue dans ses pensées, elle n'a pas entendu sa mère arriver.

— Oh, rien. Une journée naze au bahut.

— Tu veux en parler ?

— Je ne crois pas, non.

— Et m'aider à déballer les courses ?

— Ça, d'accord.

Lisa se déploie avec difficulté, en grimaçant et en soupirant. Pour Isabelle, cela ne fait aucun doute : il y a de gros soucis dans l'air, mais elle préfère ne pas brusquer les choses. Si elle insiste, Lisa risque de se refermer, de rentrer dans sa coquille et, alors, on pourra dire adieu aux aveux.

Quand elles ont terminé, Isabelle se rend compte qu'elle a enlevé ses chaussures trop rapidement.

— Lisa, tu veux bien me rendre un petit service ?

— Quoi, encore ?

— J'ai oublié de prendre le courrier.

— Pourquoi moi ? Papa s'en chargera ce soir.

« Pourquoi moi ? » Un grand classique de Lisa. Elle adore se faire dorloter, gâter, chouchouter par ses parents, mais se montre beaucoup moins empressée pour rendre la pareille. Ce qui a le don d'exaspérer sa mère.

— Lisa ! J'ai quand même le droit d'exiger que tu participes un tant soit peu à la vie de cette famille.

— Oh, ça va ! T'énerve pas... J'y vais...

Lisa traîne les pieds jusqu'à la boîte aux lettres. Elle sait que sa mère l'observe par la fenêtre de la cuisine et elle veut lui montrer à quel point elle y met de la mauvaise volonté. Elle se saisit mollement du contenu de la boîte, le journal, trois publicités et une lettre. Elle jette un vague coup d'œil à cette dernière. Aussitôt, un long frisson lui parcourt le dos.

C'est une lettre destinée à ses parents, Isabelle et Rémi Mathieu... mais en provenance du lycée !

Panique à bord. Que faire ? La cacher sous son pull ? Inutile, puisque Isabelle continue de l'espionner. Il n'y a pas d'autre choix que de déposer le courrier sur la petite table de l'entrée, comme chaque jour, comme si de rien n'était... et d'attendre le déclenchement de l'ouragan.

— Merci, Lisa ! lance gaiement Isabelle depuis la cuisine.

— De rien, m'man.

Dans un sens, Lisa souhaiterait que sa mère se précipite aussitôt sur la lettre, qu'elle la dévore, que l'explication ait lieu, que cette angoisse prenne fin. Le pire, dans les mauvaises nouvelles, c'est sans doute de les attendre. Elle tente de se raisonner, de se dire qu'après tout la lettre concerne peut-être Marc. Peine perdue. Elle tourne et tourne dans le salon, s'arrachant des lambeaux de peau au coin des ongles, se mordant les lèvres, essuyant sans cesse ses mains moites sur son jean. Au bout d'un moment, elle se dirige vers la salle de bains, pour s'épiler les sourcils, afin de tuer le temps. Elle se fait mal, pour un résultat plus que médiocre : elle tremble trop.

Elle rêve d'une grotte, d'un lieu oublié où elle pourrait disparaître à jamais. Cet endroit existe : elle monte dans sa chambre pour se réfugier, roulée en boule, sous sa couette.

Elle n'entend pas son père rentrer. Elle ne le voit bien sûr pas ouvrir la lettre. Ni la suite. Le choc éprouvé par ses parents à sa lecture.

Elle résiste quand sa mère lui arrache la couette des mains.

— Lève-toi, Lisa ! Ne fais pas l'enfant !

— Laisse-moi tranquille !

— Ça va être difficile avec ce que nous venons d'apprendre...

Lisa est bien obligée de rendre les armes.

Elle rejoint ses parents dans le salon, la mine lugubre.

— On ne va pas tourner autour du pot, marmonne son père. Tiens...

Il lui tend la lettre.

Madame, Monsieur,

Le comportement de votre fille Lisa a hélas pris un dangereux virage ces derniers jours. Tous ses professeurs s'en plaignent. Elle semble totalement se désintéresser des cours. La situation n'est pas encore désespérée, mais il me paraissait important de vous prévenir au plus tôt.

Je vous prierais de bien vouloir prendre rendez-vous avec moi pour que nous puissions discuter ensemble de l'avenir de votre enfant.

C'est signé du proviseur.

9

À qui parler ?

Le silence a envahi le salon. Lisa se sent presque soulagée. Enfin, elle connaît le contenu exact de la lettre. Ce n'est pas une surprise, ni une injustice. Oui, le lycée est passé au second plan depuis la rencontre avec David Moser. Non, elle ne parvient plus à se concentrer. Oui, elle l'a bien cherché.

Mais... c'est son affaire, pas celle des parents, des profs, du proviseur ! Et qu'est-ce que c'est que cette idée de la traiter d'enfant ? Et puis quoi encore ?

Lisa se sent prête à la contre-attaque. Si les parents empiètent sur son territoire, elle saura se défendre. Ce ne sera pas la première fois qu'elle devra se battre pour imposer sa passion : la musique, le chant.

Problème : Isabelle et Rémi ne pensent pas à la sermonner. Ils sont inquiets, et un peu tristes.

— Lisa, murmure sa mère, tu ne veux pas t'asseoir près de nous ?

— Pour quoi faire ?

— On pourrait parler.

— De quoi ? L'autre, là, le proviseur, il vous a tout dit. Vous n'avez qu'à l'appeler, prendre rendez-vous et me régler mon compte. Moi, je n'existe pas, ce n'est pas nouveau.

En secret, Lisa prépare la guerre. En parlant ainsi, elle espère que son père explose. C'est déjà arrivé souvent. Elle se lèvera alors d'un bond et partira en claquant la porte... La méthode marche bien, elle l'a encore constaté la semaine passée quand elle a quitté précipitamment ses camarades au café du Soleil. Personne n'a vraiment essayé de la rattraper.

Fuir, c'est éviter les explications. Bon, d'accord, c'est aussi se retrouver seule...

Lisa croit bien connaître son père. Pas tant que cela, peut-être... Il est à l'évidence énervé, mais ne le montre pas. Il a joint ses mains sous son menton, comme s'il priait. D'une voix étonnamment douce, il déclare :

— Je crois que tu te trompes, Lisa. Ta mère et moi, nous t'aimons si fort, nous t'en donnons des preuves chaque jour. Même si tu ne les vois pas.

C'est quoi, ce discours ? Absolument pas prévu au programme. Lisa a les jambes en coton. Malgré elle, elle s'assoit sur le canapé. Puis quelque chose de totalement inattendu se présente au coin de son œil : une larme. « Oh non, pas ça ! » Elle ravale sa salive pour chasser l'intruse.

Rémi poursuit :

— Nous ne te lâcherons pas, Lisa. Jamais. Même si nous n'avons pas toujours été d'accord avec tes choix, nous sommes prêts à t'écouter avec l'esprit ouvert.

Elle a des parents en or. Au fond d'elle, Lisa n'en a jamais douté, mais elle a préféré l'oublier pour vivre sa vie. D'habitude, ils la traitent encore comme un bébé. Mais là, c'est différent.

Le moment est venu de leur parler. De leur relater sa conversation avec David Moser. Une autre phrase de l'agent artistique lui revient en mémoire : « Je suis prêt à rencontrer vos parents dès que possible. » Si on propose un contrat à Lisa, ce sera à Isabelle et Rémi de le signer. Lisa n'est pas majeure...

Soudain, la porte s'ouvre dans un vacarme coutumier : Marc rentre du lycée, et il n'est pas du genre délicat avec les objets, sauf sa guitare.

Il stoppe net en pénétrant dans le salon, avant d'éclater de rire.

— Dites donc, vous êtes sinistres ! Le poisson rouge a oublié de mettre son gilet de sauvetage ?

— On n'a pas de poisson rouge, s'étonne Isabelle, machinalement.

— C'était de l'humour, maman. Blague à part, il s'est passé quelque chose de grave ? Quelqu'un peut m'expliquer ?

— Si seulement on savait, marmonne Rémi.

Marc s'avance au milieu de la pièce. C'est

alors qu'il découvre l'enveloppe, le cachet du lycée, la lettre... Il pâlit aussitôt.

— C'est... pour... ?

— Ne stresse pas, le rassure Lisa. Ça ne concerne que moi.

— Et ?

— On dirait que, pour Lisa, le lycée n'est plus une priorité, résume Isabelle. Le proviseur veut nous voir pour comprendre pourquoi.

— Je ne savais pas que j'avais une frangine rebelle, ricane Marc.

— Boucle-la ! rétorque Lisa.

Rémi hausse le ton :

— Calmez-vous ! Toi, Marc, au lieu de faire l'imbécile, tu pourrais peut-être nous éclairer. Si Lisa ne veut rien nous dire, toi...

Marc prend un drôle d'air, bouffon et mystérieux.

— Oh, j'ai bien ma petite idée.

— Vrai ? s'exclame Isabelle.

Lisa sent la rage monter en elle. C'est sûr, son frère va lâcher le morceau, raconter le peu qu'il sait de l'épisode Moser. Elle le déteste déjà... et elle se déteste aussi. Pourquoi n'a-t-elle pas parlé plus tôt à ses parents ? Pourquoi ne leur a-t-elle pas fait confiance ?

Désormais, il est trop tard. Marc va faire son petit numéro. À elle le bonnet d'âne...

Marc prend tout son temps. Il sait ménager ses effets.

— Alors ? s'impatiente sa mère.

Il inspire à fond... pour souffler un mot, un seul. Un prénom.

— Thomas.

Isabelle et Rémi se regardent, interloqués, avant de s'écrier en chœur :

— Quoi, Thomas ?

— Comme vous êtes mignons, se moque Marc. On dirait que vous n'avez jamais été jeunes. Thomas-Lisa. Lisa-Thomas. Dois-je vous faire un dessin ?

— Tu... tu veux dire que ta sœur et... ? bredouille Isabelle.

— Désolé, mais il faut être aveugle pour ne rien remarquer. Mais oui, c'est le grand amour. *Big love*. Pas vrai, petite sœur ?

En temps normal, Lisa aurait volontiers égorgé Marc pour avoir dévoilé ses secrets. Mais, là, non. Elle a plutôt envie de l'embrasser. De le remercier d'avoir mis les parents sur une fausse piste. Une sacrée bonne fausse piste.

Isabelle, émue, balbutie :

— Mon bébé... c'est vrai ? Tu as un fiancé ?

Bébé... Et voilà ! Elle recommence à la traiter en gamine. Pourtant, Lisa ne relève pas. Elle s'engouffre dans la brèche ouverte par son frère.

— Maman, on ne dit plus *fiancé* ! C'est ringard.

Isabelle est aux anges.

— Peu importe. Je te félicite. Il est charmant et bien élevé. Tu sais...

Elle hésite.

— Quoi ? s'agace Lisa.

— Tu peux l'amener ici, si vous... Enfin, tu me comprends...

— Pas du tout.

— Mais si ! Si vous avez envie d'être tranquilles...

Isabelle se tord les mains et s'embrouille dans ses mots. Marc est pris d'un fou rire. Rémi aussi, certainement. Il détourne la tête et disparaît en direction de la cave.

— Qu'est-ce que j'ai dit de drôle ? demande Isabelle.

— T'inquiète pas, maman, la rassure Lisa. Tu connais les garçons. Ils se défilent dès que ça devient sérieux.

— Tu as raison, s'amuse sa mère.

L'ambiance est revenue au beau fixe.

Pas pour longtemps. Isabelle a repris son air songeur.

— J'y pense, tu n'avais pas un cours à l'Académie de la Voix, ce soir ?

La question fait à Lisa l'effet d'un tremblement de terre.

— Mais pourquoi ne me l'as-tu pas rappelé plus tôt ? Je vais me faire tuer par Mme Forquin !

Lisa attrape à la hâte son blouson, son sac, vérifie que les partitions s'y trouvent bien... et lance à la cantonade :

— À plus !

Elle court presque à travers les rues de Mercœur. La nuit tombe. Vite, vite !

Puis, imperceptiblement, quelque chose change en Lisa. Elle ralentit le pas. Soudain, elle n'a plus peur d'arriver en retard.

Hélène Forquin va crier, à coup sûr, mais désormais Lisa s'en moque.

Elle est même heureuse de retrouver son professeur. Heureuse comme jamais auparavant... Car elle vient d'avoir une idée formidable.

10

Madame Forquin

— Mademoiselle Mathieu ! Je n'y croyais plus ! Enfin, mieux vaut tard que jamais... De qui vous moquez-vous ?

Hélène Forquin, comme prévu, est en colère. Avis de tempête. Lisa rentre la tête dans les épaules. Elle doit se montrer patiente, aimable...

— De personne, madame. Je suis désolée.

— Trop facile ! J'ai l'impression que le mot discipline ne signifie rien pour vous.

— Si, mais...

— Taisez-vous ! La discipline, mademoiselle Mathieu, c'est ce qui transforme une honnête chanteuse, un peu dans votre genre, en véritable artiste. Vous croyez que perdre votre temps à brailler dans un micro avec vos camarades aux cheveux gras va vous aider ? Vous pensez vraiment que l'accumulation des retards vous amènera dans de bonnes conditions aux examens ? Je vous découvre à bout de souffle. Une course, dans le froid, c'est le pire pour l'échauffement de la voix. Un désastre.

— Je suis désolée...

— Vous vous répétez ! Vous manquez de vocabulaire, mademoiselle Mathieu... C'est à se demander ce que vous apprenez au lycée. Au fait, ça se passe comment, là-bas ?

En plus, Mme Forquin s'y entend comme personne pour appuyer là où ça fait mal.

— Bien.

— Voilà une réponse amusante. Figurez-vous que j'ai croisé hier une amie qui enseigne le français dans votre établissement. Les hasards de la conversation nous ont amenées à parler de vous, mademoiselle Mathieu. Et, le moins que l'on puisse dire, c'est que sa réaction vous concernant a été tout le contraire de « bien ».

Aïe.

— J'ai l'impression que vous filez un mauvais coton. Il est grand temps de vous ressaisir. Ici comme au lycée. Notre patience a des limites. Si vous n'y prenez garde, si vous continuez à gaspiller vos qualités, il n'en restera bientôt plus que des regrets. Un beau gâchis en perspective.

Lisa a le moral en berne. Malgré son retard, elle est arrivée à l'Académie de la Voix débordante d'énergie. En chemin, elle a eu cette fabuleuse idée qui lui a redonné une pêche d'enfer. Mais le sermon de la prof a sapé son enthousiasme. Lisa rêve à nouveau de se recroqueviller sous sa couette...

— D'ailleurs, enchaîne Hélène Forquin, je ne sais pas ce qui me retient d'annuler le cours. Je ne voudrais pas vous forcer à assister à mes leçons...

Ces dernières paroles agissent sur Lisa comme un coup de fouet.

— Vous n'oserez jamais !

— Je... Vous...

En un instant, la belle assurance de Mme Forquin s'est évaporée. Jamais personne n'a osé la contredire. Elle ouvre de grands yeux paniqués, cherchant des mots qui ne viennent pas, le souffle court.

Elle a encore la force de bafouiller :

— Partez... partez...

Normal. Lisa a conscience d'avoir dépassé la mesure. Elle n'a pas supporté le trop-plein de méchanceté de la prof. Elle a craqué. Elle n'aurait pas dû. Elle s'en veut. Les conséquences risquent d'être terribles. Une exclusion de l'école, certainement.

Elle se dirige vers le portemanteau pour y prendre son blouson. Mais Mme Forquin n'en a pas terminé avec elle :

— Non, pas vous.

Quoi ? Lisa ne comprend pas.

— C'est vous qui partez, précise la prof en désignant le pianiste censé accompagner la leçon. Je veux rester seule avec Mlle Mathieu.

Le jeune homme ne se fait pas prier. Il se volatilise, sans doute impressionné par l'autorité de l'enseignante. D'un coup, la pièce paraît démesurément vide à Lisa qui s'y sent perdue.

— Venez vous asseoir, ordonne l'enseignante.

C'est dit d'une voix douce, tranquille, presque amicale. Lisa obéit, même si elle reste sur ses gardes.

— J'ai conscience d'être allée trop loin, reprend Hélène Forquin. Je crains de vous avoir blessée.

Lisa pense « oui ». Elle répond :

— Non... non...

— Quoi qu'il en soit, je vous présente mes excuses.

« Des excuses ? Aurait-on changé de planète ? »

— Je ne sais pas ce qui m'a pris, continue Mme Forquin. Ou plutôt, si, je sais. Je suis beaucoup plus sévère avec vous qu'avec mes autres élèves. Vous possédez un tel talent, mademoiselle Mathieu. Et vous avez une personnalité si attachante...

Le choc. La foudre. Le vertige. Lisa n'en croit pas ses oreilles. Elle plante ses ongles dans le bois de sa chaise pour ne pas tomber.

— Vous... vous m'appréciez ?... Vraiment ? bredouille-t-elle.

— Énormément. Je veux bien admettre

que ça ne se voit pas. Comme dit le proverbe : « Qui aime bien, châtie bien »...

— Alors, vous devez m'aimer beaucoup, en effet.

Elles échangent un regard complice. Lisa flotte sur un nuage. Qui aurait pu imaginer qu'elle recevrait un jour de tels compliments de la part d'une personne aussi exigeante ? Quel honneur ! Quel bonheur !

Mais il y a autre chose : Lisa sait à présent que son idée était la bonne. L'idée de parler de David Moser à... Mme Forquin.

— J'ai besoin de vous.

— Que puis-je faire pour toi. Raconte.

L'enseignante vient de tutoyer Lisa ! Encore une première ! La belle histoire se poursuit.

Lisa se lance, en essayant de n'omettre aucun détail. Mme Forquin l'écoute avec la plus grande attention, sans l'interrompre.

Un long silence s'installe à la fin du récit.

— Vous... ? ose enfin Lisa.

— Hein ? Oh, pardon, Lisa, j'étais perdue dans mes pensées.

— Pas grave. Vous auriez un conseil à me donner, alors ?

— Pas vraiment, hélas.

— Ah bon ?

La moue déçue de Lisa rend le sourire à Hélène Forquin.

— Allons, ne fais pas cette tête-là ! L'affaire est complexe. J'hésite.

— Comment ça ?

— Mon premier réflexe serait de refuser. L'offre de ce David Moser vient trop tôt. Techniquement, tu n'es pas prête. En outre, on ne sait rien du sérieux de ce monsieur. D'accord, ça se vérifie. Je peux même t'aider en passant quelques coups de téléphone à des amis qui travaillent dans le milieu musical... D'un autre côté, il a parlé de contrat. C'est le genre de proposition qui ne se présente pas cent fois dans une carrière... Tu vois, c'est compliqué...

Lisa soupire :

— Ça, j'avais capté... euh, compris.

— Inutile de te corriger ! Tu sais, même moi, je connais quelques « mots de jeunes ».

Et en plus, elle a de l'humour. Lisa découvre une nouvelle personne derrière l'apparence sévère de Mme Forquin. « Quelle chance d'avoir croisé son chemin », se dit-elle. Elle est fière d'avoir une telle prof.

Même si Lisa n'a pas obtenu de réponse miracle concernant David Moser, elle se sent désormais apaisée, plus forte, prête à avancer.

Mais dans quelle direction ?

11

La tête dans les étoiles

— Et le cours ? s'inquiète soudain Lisa.

— Je te propose que nous en restions là. Je ne pense pas que tu aies l'énergie nécessaire pour chanter convenablement. De toute manière, nous n'avons plus de pianiste pour accompagner la leçon...

Lisa n'est pas mécontente. Entre l'affrontement avec ses parents et le mémorable accueil d'Hélène Forquin, elle a eu sa dose d'émotions pour la journée. Il faut qu'elle digère tout cela. Seule, de préférence.

— Donc... je peux y aller ?

Son professeur part d'un grand éclat de rire.

— Puisque je te le dis ! Et la semaine prochaine, tâche de ne pas être en retard !

— Juré.

— Oh, je me méfie des serments de ce genre ! Je ne crois que ce que je vois. Tu sais que j'attends beaucoup de toi. Ne me déçois pas.

— Je vais essayer, madame.

— Bien. À présent, file avant que je ne change d'avis !

Dehors, les trottoirs sont déserts. Lisa se souvient que l'équipe de France dispute un match de la Coupe du monde : le pays entier doit regarder la télévision.

Un petit vent frais lui fait remonter le col de sa veste. Un frisson la parcourt, de froid et de bonheur. Un drôle de mélange.

Elle voudrait retarder le moment de rentrer. Elle n'a pas plus envie de s'expliquer que de s'enfermer dans sa chambre. Il souffle ce soir-là dans les rues de Mercœur comme un vent de liberté dont elle veut sa part... Alors, elle décide de faire attendre les parents. Oui, ils vont s'inquiéter. Leur fille, seule, dehors... Lisa n'a pas peur. Elle tient la ville dans sa main, c'est l'heure d'en profiter.

Au coin de l'avenue Pasteur, elle bifurque sans raison apparente sur la gauche, pour se retrouver dans l'impasse des Hirondelles. Encore deux cents mètres, et le vieux bâtiment apparaît devant ses yeux. Elle n'est plus venue ici depuis des années. Les Hirondelles... Son école maternelle. C'est là que tout a commencé. Lisa vient de terminer de chanter une comptine et Mme Bago, la maîtresse, la félicite devant les autres élèves :

— Quelle jolie voix, Lisa ! On aurait cru entendre une fée.

La classe entière a spontanément applaudi. Elle a salué, en écartant les bras puis en baissant la tête, comme elle l'a vu faire aux artistes quand ses parents les ont emmenés au cirque, elle et son frère...

Le souvenir est doux, et trop fort aussi. Le cœur de Lisa ne résiste pas. Son visage est inondé de larmes. Elle les essuie du revers de la manche, mais le flot ne tarit pas. Elle fouille ses poches... et y déniche un mouchoir en papier défraîchi.

Elle met quelques instants à reprendre ses esprits. À se rendre compte qu'à l'âge de quatre ans la musique faisait déjà partie de sa vie.

Et après ? Comment est-elle devenue cette jeune fille passionnée de chant, désireuse aujourd'hui d'en faire son métier ? La tête dans les étoiles, elle poursuit sa route avec un plan bien arrêté : repasser devant les endroits importants de son enfance et de son adolescence. Elle espère qu'en additionnant les souvenirs elle trouvera la solution concernant la proposition de David Moser.

Après cinq minutes de marche, elle arrive devant le pavillon de sa nourrice de l'époque, Mme Rosario. Mamina, comme elle l'appelait tendrement, chantonnait à longueur de journée. Des airs un peu tristes du pays d'où elle venait, le Portugal. Lisa aimait s'approcher et se blottir contre les genoux de Mamina quand celle-ci berçait un bébé qu'elle gardait.

Lisa est restée cinq ans chez les Rosario. Jusqu'en CE2. Ensuite, ses parents ont préféré l'inscrire à la cantine de l'école. Lisa a beaucoup pleuré de devoir quitter ce nid, mais elle s'est vite consolée avec les copines qui restaient déjeuner comme elle à midi. Les discussions portaient immanquablement sur leurs vedettes préférées.

— Tu as vu comment Jenifer était maquillée, samedi soir ?

— Il paraît qu'elle n'est plus avec Mario. Tu le crois, ça ?

— De toute façon, elle ne sera jamais aussi bien que Nolwenn...

— Tu n'y connais rien, c'est Emma la meilleure !

Ça finissait toujours en disputes. De fausses colères suivies de vraies réconciliations. Quelle super-ambiance !

Absorbée dans ses pensées, Lisa se dirige vers le quartier des 3 000. Elle passe devant le collège Blaise-Pascal qui lui évoque M. Simon, son prof de musique. Encore un qui n'arrêtait pas de lui faire la morale.

— Lisa, le solfège ! Si tu ne t'y mets pas sérieusement, tu n'arriveras à rien !

— Lisa, je lis sur ta fiche que tu veux devenir chanteuse. Mais c'est impossible si tu ne sais pas déchiffrer une partition !

Solfège ! Solfège ! Les blanches, les noires, les croches, les dièses, les bémols, il n'avait que ces mots à la bouche. Lisa ne voulait rien entendre de ses conseils à la noix. Elle avait décrété que sa belle voix suffisait, et que la technique viendrait d'elle-même, à force de... chanter. Excédée, elle tirait souvent la langue au prof dès qu'il avait le dos tourné. Les copines rigolaient. Lui faisait semblant de ne rien remarquer.

En y repensant, Lisa réalise que M. Simon avait raison. Elle aurait dû l'écouter, elle aurait gagné du temps et se serait épargné beaucoup de critiques. À l'Académie, elle a eu honte face aux autres élèves, tellement meilleurs qu'elle en... solfège. Mais elle s'est accrochée. Elle a encaissé les moqueries, elle a travaillé, dur. Elle a tenu le choc devant les remarques assassines de Mme Forquin et, tout à l'heure, elle a décroché cette merveilleuse victoire : les compliments de la même Hélène Forquin. Quelle revanche !

Le chemin lui semble tout tracé. Le chant sera sa vie, et à l'instant. Elle lève les yeux au ciel, constellé d'étoiles : bientôt, elle sera l'une d'elles. Une star. Acclamée, adorée par le public. Oui, elle désire ce contrat. Oui, elle se sent prête à voler de ses propres ailes. Seule, sans le groupe.

Elle est persuadée que rien ne pourra plus la faire changer d'avis...

— Alors, la meuf, t'es perdue ?

— On peut te servir de guide, tu sais...

— Faut seulement que tu sois cool avec nous...

— Gentille... Très gentille...

Quatre garçons l'encerclent. Elle ne les a pas vus approcher. À la fois menaçants et moqueurs. Il lui semble qu'ils ont à peu près le même âge qu'elle, mais, comme leur tête est recouverte du capuchon de leur survêtement, elle ne distingue pas leur visage. Et la lumière blafarde renvoyée par un malheureux lampadaire n'arrange rien. Les immeubles paraissent plus hauts que d'habitude. Tant de fenêtres sont éclairées et, cependant, Lisa a l'impression d'avoir atterri dans le désert. D'habitude, quand elle passe dans le quartier – le plus souvent pour se rendre au CSC –, il grouille d'animation.

La différence, c'est le silence.

À présent, Lisa a peur.

Elle se trouve à moins de cent mètres du CSC, elle songe à piquer un sprint, mais se ravise – en général, les garçons courent plus vite que les filles. Elle ne parviendra pas à les semer. Que faire, alors ? Crier ? Appeler à l'aide ?

Mais qui volerait à son secours ? Il ne semble pas y avoir la moindre âme qui vive dans le secteur. À moins que... Une ombre passe dans le champ de vision de Lisa. Une illusion ?

Pendant ce temps, les quatre garçons ont resserré le cercle autour de leur proie.

— Ho, vous pouvez pas me lâcher ? s'exclame Lisa. Qu'est-ce que vous me voulez, à la fin ?

— Fais pas semblant de pas comprendre. On connaît un coin tranquille pas loin, une cave sympa. Tu vas te calmer et nous suivre.

— Ouais, et même si t'as pas envie, tu vas te forcer. Parce que nous, tu vois, on a envie.

Soudain, Lisa voit une lame briller dans la pénombre. L'un de ses agresseurs, celui vêtu de blanc de la tête aux pieds, a sorti un couteau. Le message est clair : ils ne plaisantent pas. Ils sont dangereux.

— Lâchez-la ! Elle est à moi.

Un cinquième larron survient. Il n'est pas le bienvenu, semble-t-il. Lisa sent les autres se crisper. Le couteau s'éloigne d'elle pour pointer la nouvelle cible. *Ouf !*

La bagarre se prépare. Elle doit se tenir prête à prendre ses jambes à son cou.

— Faut que je vous le répète dans quelle langue ? Tirez-vous !

Lisa a l'étrange sensation d'avoir déjà entendu cette voix. Sans doute un effet de la panique.

— Ça va, Jim, on n'est pas sourds ! Tu veux pas la partager ?

Jim ? Lisa rêve-t-elle ? Il a dit Jim comme... le bassiste du groupe ? Qui traîne dehors avec les pires voyous ? Elle le sait parfois étrange, imprévisible, mais là, on baigne en plein délire...

— On partage rien du tout ! Quand je

vous dis qu'elle est à moi, c'est pas du flan. C'est ma meuf, point barre.

Il y a un flottement. Visiblement déconcertés, les quatre lascars dansent d'un pied sur l'autre. La gêne le dispute à la déception.

Le garçon au couteau reprend la parole :

— Oh, excuse, on pouvait pas deviner.

Puis, se tournant vers ses comparses :

— Allez, on se casse ! Il va lui jouer du violon. C'est pas pour nous...

Et ils disparaissent sans demander leur reste. Aussi discrètement qu'ils étaient apparus.

Lisa est sous le choc.

— Jim... Mais...

— Chut ! Viens, je te ramène chez toi.

12

« Comment leur dire ?... »

Jim s'est montré adorable. Il ne lui a posé aucune question sur les raisons de sa présence à la nuit tombée dans son quartier. Il parle peu, comme à son habitude. Juste des mots pour faire diversion, pour effacer la peur.

— Tu as écouté le dernier Cat Power ? La voix de cette fille...

— Comment je pourrais ? Je ne l'ai pas.

— C'est bien ton frangin, ça ! Je lui ai filé le CD il y a au moins une semaine. Pour vous deux.

— Au moins, je sais où chercher. Sous son tas de chaussettes sales...

Ils éclatent de rire. Lisa ne connaissait pas cet aspect de Jim. Il est toujours tellement sérieux, penché sur sa guitare basse. Pareil au lycée, au café. Les yeux noirs, la mine grave, les joues creuses. En plus, elle croyait qu'il ne l'aimait pas. Elle se sent si mal à l'aise en sa compagnie qu'elle évite de se retrouver seule avec lui.

Ça vient pourtant d'arriver. Ils marchent ensemble dans la rue. Rien qu'elle et lui. Ce n'est pas désagréable, loin de là.

Soudain, sans prévenir, Jim s'arrête.

— Je crois que tu peux faire le reste sans moi. Tu en as pour deux minutes.

Passé le premier moment de surprise, Lisa se ressaisit.

— T'inquiète, ça va aller. Je voulais...

— Quoi ?

— Ben... tu m'as sûrement sauvé la vie.

— Moi ? N'importe quoi ! C'est des minables...

— Et le couteau, il était en carton, peut-être ?

— T'affole pas. Un couteau dans ton quartier, c'est l'événement du siècle. Aux 3 000, tout le monde joue au caïd.

— Alors, toi aussi, tu es... armé ?

— Inutile. Je sais me faire respecter.

Comment fait-il ? Pourquoi impressionne-t-il tant les autres ? Mais Jim n'est pas le genre à vous donner des réponses. Alors, elle se contente d'un :

— Oh, je comprends.

— Pas sûr, mais bon, on ne va pas non plus passer la nuit là-dessus. Il ne fait pas super-chaud. On se voit demain ?

Il se penche vers elle, histoire de lui faire la bise. Lisa se recule. Il faut qu'elle vide son cœur.

— Écoute, je n'en ai encore parlé à personne. Après ce qui vient de se passer, je veux que tu sois le premier du groupe à l'apprendre. Je...

Jim secoue la tête.

— Désolé, je ne suis pas preneur. Les petits secrets, très peu pour moi. Tu n'as qu'à revenir aux répétitions et le dire à tout le monde.

À cet instant, Lisa mesure combien le chemin sera long entre sa décision de lâcher ses amis et le courage de le leur annoncer. Comment trouver le bon moment, les mots justes ? Comment les quitter sans les perdre ?

En attendant, Jim a raison : il est tard, il faut songer à se séparer. Elle ne se contente pas de l'embrasser. Elle le serre quelques secondes dans ses bras. Il ne résiste pas, n'en profite pas...

En partant, il se couvre la tête du capuchon de son sweat-shirt. Lui aussi... Est-ce un signe de reconnaissance entre jeunes du quartier des 3 000 ? Les quatre agresseurs de Lisa sont-ils des copains de Jim ? des alliés ? des ennemis ? Elle ne comprend rien à ce qui se trafique là-bas.

Elle reste un moment immobile sur le trottoir, espérant adresser un dernier signe à Jim qui s'éloigne. Mais il ne se retourne pas. Un peu déçue, elle rentre chez elle, priant pour que ses parents soient déjà couchés.

Rêve toujours !

Ils l'attendent de pied ferme. Assis sur le canapé du salon, raides comme la justice.

— Tu as vu l'heure ? lance sa mère.

— Ce n'est pas ma faute, ment Lisa. C'est à cause de Mme Forquin. Elle m'a hurlé dessus : « Mademoiselle Mathieu, vous êtes arrivée en retard, vous repartirez en retard ! » Résultat : son cours a duré une éternité. J'ai cru qu'il ne finirait jamais.

— Tu aurais pu nous passer un coup de fil, maugrée son père.

— De l'Académie ? Il y a des panneaux portables interdits » sur tous les murs. T'imagines si j'oublie d'éteindre la sonnerie et que quelqu'un m'appelle ! C'est la porte aussi sec !

— Tu ne crois pas que tu exagères un peu ?

— Ça vous gêne si je vais me coucher ? Je suis morte.

Une dernière phrase de son père l'arrête à mi-escalier :

— Concernant la lettre du lycée, tu n'aurais pas une proposition à nous soumettre ?

— Je vais faire un effort, promis. Non, plein d'efforts. Comptez sur moi !

Et elle s'éclipse sur un tonitruant :

— Bonne nuit !

★

Le moment idéal.

Les mots justes.

Marc. Thomas. Nora. Jim.

« Je vous quitte mais je ne veux pas vous perdre. »

« David Moser m'a proposé un contrat. À moi. Pas à vous. »

Lisa a un sommeil agité. Les pièces du puzzle refusent de s'assembler dans d'affreux cauchemars. Elle ne s'en sort pas.

Le lendemain matin, le visage en champ de bataille, le cœur lourd, elle se prépare pour le lycée. Elle a oublié les efforts promis la veille aux parents. Elle n'a qu'un seul souci en tête : comment avouer à ses amis que leur belle aventure commune s'achève là ?

Son frère l'appelle :

— Tu passes ta journée devant ton miroir, Miss Monde, ou tu viens avec moi ?

Marc ne croit pas si bien dire : Lisa resterait volontiers enfermée dans la salle de bains. Pour ne pas affronter la réalité. Mais elle doit se secouer. Aller vers les autres.

— J'arrive !

Elle termine de se maquiller à vitesse grand V. Marc n'est pas le roi de la patience. D'ailleurs, quand elle surgit dans la cuisine, il a déjà disparu. Lisa saisit son sac à la volée, sans se soucier de sa mère qui tente de la freiner :

— Tu ne prends rien ? Un thé ? Des céréales ?

Ni réponse ni au revoir. Lisa s'élance à la poursuite de son frère. Elle n'a aucun mal à le rattraper. Parler, lui parler. D'abord reprendre son souffle. La veille, Jim n'a pas voulu écouter ce qu'elle avait à lui dire ; au tour de Marc, donc. Au fond, ce n'est que justice : il est le véritable créateur de Karma, sa cheville ouvrière.

Mais les choses ne tournent pas comme Lisa l'espérait.

— Dis donc, tu voulais battre le record du cent mètres ? C'est pour ça que tu viens plus aux répétitions ? Tu t'es inscrite au club d'athlétisme ? la raille son frère.

Elle hausse les épaules en songeant à la surprise qu'elle lui réserve...

— Salut, Lisa ! Salut, Marc !

D'ordinaire, elle adore cette voix. Chantante, dès le matin. Quelques phrases toutes simples pour la sortir du brouillard. Thomas. Pour une fois, pour la première fois, il n'est pas le bienvenu.

— Ben, Lisa, ça n'a pas l'air d'aller ? s'étonne-t-il.

— Laisse tomber, marmonne-t-elle.

— Qu'est-ce que j'ai dit ?

Marc se sent obligé d'expliquer la situation à son copain.

— Ça chauffe à la maison pour elle. Les parents ont reçu une lettre du proviseur.

— Qui dit quoi ?

— C'est pas tes oignons, s'énerve Lisa.

— Oh bon, si c'est comme ça, je me tais.

Ils parviennent au lycée sans plus échanger un mot. Marc préfère ne se mêler de rien. Lisa marche légèrement en retrait des deux garçons, rongeant son frein. On vient de la stopper dans son élan. Oui, le chemin sera long...

13

« Promis ? »

Dès la première heure, en français, Lisa reprend ses mauvaises habitudes. Elle n'entend rien de ce que dit la prof. Elle rumine ce qui s'est passé quelques instants plus tôt, dans la rue – son accrochage avec Thomas.

Jamais encore ils ne se sont disputés. Elle l'a vu se renfermer, les yeux éteints, le dos voûté. Elle s'en veut. Il n'est responsable de rien. Au contraire, elle lui ment depuis la visite de David Moser. Un mensonge qui n'a cessé d'enfler, enfler... et qui éclatera bientôt.

Elle l'imagine dans sa classe, pas très loin de la sienne. Il a cours d'histoire-géo. Est-il malheureux comme elle ? La déteste-t-il ? Elle aimerait tant communiquer avec lui, lui envoyer un petit SMS, du genre : « On fait la paix ? », ou : « Bises de ta méchante copine. » Impossible. L'usage du portable est interdit au lycée.

Elle brûle pourtant d'agir. Dès la récréation de dix heures. Elle lui demandera de lui pardonner. Elle en profitera pour l'embrasser... et pour lui proposer un rendez-vous. C'est évident, comment n'y a-t-elle pas pensé plus tôt : elle l'aime, c'est donc à lui qu'elle doit se confesser !

La récré... Lisa jette un coup d'œil à sa montre. Il n'est que 8 h 40. Encore près d'une heure et demie à attendre. L'enfer. Si elle pouvait traverser les murs pour se rapprocher de son Tom ! Mais elle doit prendre son mal en patience. Après la lettre du proviseur, elle n'a pas intérêt à se faire remarquer.

Enfin, la cloche retentit qui amène la délivrance. Lisa bouscule ses camarades pour être la première à sortir de la salle.

Elle dévale les escaliers et se précipite dans la cour. Pourtant, elle a beau se dévisser le cou, elle ne le trouve pas. Il est peut-être retenu en cours. Ou alors, il a choisi de défier ses copains au baby-foot.

Les minutes s'égrènent. Lisa cède à la déception. Puis, à sa grande surprise... et à son immense bonheur, Thomas se présente devant elle. À force de regarder partout, elle ne l'a pas vu s'avancer à sa rencontre. Un comble !

Il a fait le premier pas ! Même s'il ne semble guère sûr de lui. Il peine à articuler une courte phrase :

— J'aimerais qu'on discute...

Elle sourit, aux anges.

— Ça tombe bien, moi aussi.

— Alors, qui commence ?

— Moi ! Écoute... pour tout à l'heure... je suis désolée. Je ne sais pas ce qui m'a pris, j'ai été injuste.

— Bof, c'est oublié. Chacun a le droit de se lever du pied gauche.

— Surtout que... tu te souviens... je t'ai dit que ce n'étaient pas tes oignons ?

— Et comment !

— Eh bien, j'ai menti... ça te concerne.

Thomas sursaute.

— La lettre du proviseur ? En quoi ça me regarde ?

— Non, il y a autre chose...

Lisa s'interrompt. La sonnerie annonce la fin de la pause.

— Autre chose ? Grave ?

— Quand même...

— Tu commences à me faire peur... Je peux savoir ?

— C'est un peu long à expliquer. On doit retourner en cours... On se voit à midi ? Ou au café ?

— Pas sûr. J'ai une méga-journée. Il faut que je révise un contrôle de maths et je dois rentrer tôt. Je veux bosser quelques morceaux avant la répétition de ce soir... D'ailleurs...

— Quoi ?

— C'est de ça que je voulais te parler. Les répétitions. Ça serait top que tu reviennes, tu sais. Ce n'est plus pareil sans toi. Tu nous manques.

Lisa frémit. Elle ne peut retenir une question :

— Et à toi, je te manque ?

Thomas rougit et murmure :

— Oui.

La cour se vide. Un étrange silence remplace le brouhaha. Un surveillant s'approche de Lisa et de Thomas.

— Vous êtes sur la lune, ou quoi ? Dépêchez-vous ! s'exclame-t-il.

Lisa prend la main de Tom.

— Pour toi, je ferai un effort. Tu peux compter sur moi.

— Promis ?

— Promis.

*

Elle ne l'a pas embrassé. La présence du surveillant l'a gênée. Ils ont encore marché quelques mètres main dans la main, puis se sont séparés avec un petit signe.

Lisa s'est réconciliée avec celui qu'elle aime... Elle devrait être au comble du bonheur. C'est l'inverse ! Pourquoi a-t-elle accepté de se rendre à la répétition ? Hyperstupide, puisqu'elle a décidé de quitter le groupe. Elle a promis trop vite, tellement préoccupée de faire plaisir à Thomas.

Elle passe le reste de la journée à s'interroger sur la conduite à tenir pour la soirée. Elle évite soigneusement de croiser un membre du groupe. Quand Nora s'approche d'elle, un large sourire aux lèvres, elle se replie dans les toilettes... et n'en ressort qu'un quart d'heure plus tard ! Résultat : le prof d'anglais la réprimande pour son manque de ponctualité.

Plus les heures passent, plus Lisa hésite. Ira ? Ira pas ? En rentrant chez elle, après le lycée, elle n'a pas encore tranché.

Dans sa chambre, sur son bureau, une lettre l'attend. À son nom ! Qui peut bien lui écrire ? Encore le lycée ? Elle se dépêche de décacheter l'enveloppe. À l'intérieur, une carte de visite, qu'elle reconnaît immédiatement. David Moser la relance. Le texte est bref : « C'est maintenant ou jamais. » Rien d'autre. Quatre mots, comme un coup de fouet.

— Je peux savoir qui t'écrit ?

Lisa bondit de sa chaise. Elle n'a pas entendu sa mère monter l'escalier. Il n'en faut pas plus pour la faire sortir de ses gonds :

— T'es dingue ? J'ai failli mourir de trouille !

Isabelle éclate de rire :

— Ne sois pas aussi mélodramatique ! J'ai quand même le droit de circuler librement dans ma maison...

— Bah, tiens... Comme si je n'avais pas compris que tu m'espionnais !

— Ah bon ? Parce qu'il est interdit de s'intéresser à la vie de sa fille ?

— Oh ! là là, tout de suite... ! C'est un copain de ma classe, on prépare un exposé ensemble. Il m'envoie des recherches sur Internet. Voilà, tu es contente ?

Isabelle fait une moue dubitative :

— Un copain ? Bizarre, parce que l'homme qui a déposé la lettre avait la cinquantaine... Drôle de copain, non ?

Panique à bord.

— Oh, ça devait être son père...

— Je vois... Mademoiselle a réponse à tout.

Lisa n'a aucune envie que la discussion s'éternise. Il faut qu'elle reprenne l'avantage :

— Au fait, je m'ennuie pas, mais c'est l'heure de la répétition avec le groupe !

— Je croyais que tu n'y allais plus...

— Laisse-moi deviner qui t'a raconté un bobard pareil... Mon cher frère, à coup sûr !... Et tu gobes ses mensonges ?... Bon, je peux y aller ?

14

« Je sais tout »

Partie en catastrophe de chez elle pour fuir les questions de sa mère, Lisa débarque au Sector M largement en avance. Le Sector M... Lisa ne l'a quitté que depuis une semaine et c'est comme si elle le redécouvrait. Elle hésite presque à en franchir le seuil. Elle aurait aimé y pénétrer en compagnie de ses camarades. Seule, le lieu l'intimide. Heureusement, Roger est là pour l'accueillir avec sa légendaire bonne humeur :

— Ah, Lisa ! Content de te revoir ! Franchement, une journée sans ton merveilleux sourire, c'est déjà long. Alors, huit !

Lisa se sent rosir de plaisir. Roger continue :

— Le pire, c'est qu'on ne va même pas pouvoir discuter. Tu es attendue.

— Attendue ? Par qui ?

Roger met un doigt sur sa bouche.

— Désolé, ma belle, j'ai juré de tenir ma langue.

Inutile d'en dire davantage : Lisa a compris. Il n'y a qu'une seule personne qui puisse donner des ordres pareils : David Moser. Il ne s'est pas contenté de faire un crochet par chez elle pour y déposer la lettre, il vient encore la poursuivre ici. Il ne manque pas d'air... et il a raison. De toute manière, Lisa a pris sa décision. Elle est soulagée d'avoir l'occasion de la lui annoncer de vive voix. Ils pourront ensuite se rendre chez les parents pour leur présenter le fameux contrat...

Soudain, Lisa frissonne comme si elle avait la fièvre. Le couloir du Sector M lui paraît interminable. Prise de vertiges, elle doit s'appuyer contre un mur. « Monsieur Moser ? J'accepte. » Les paroles qu'elle va prononcer cognent dans sa tête. Lentement, elle retrouve son calme, serre les poings, reprend sa marche.

Elle parvient enfin à la salle de répétition. C'est la dernière fois. Mais l'émotion est trop forte : elle ne peut en pousser la porte. « La voie du succès est à ce prix », se dit-elle. David Moser l'attend. Elle ne veut pas le décevoir. Pour se redonner une contenance, elle sort de son sac son brillant à lèvres, son mascara et son blush.

Quelques instants plus tard, elle se sent de taille à rencontrer l'agent artistique. L'heure du choix a sonné. Elle entre...

— Je sais tout, Lisa.

David Moser n'est pas là. Un garçon aux yeux humides se tient en face de Lisa, à la fois vacillant et solide pour deux.

— Thomas ? Mais...

— Tu ne préfères pas t'asseoir ?

Il lui désigne une chaise. Lisa, trahie par ses jambes, glisse à terre... avant d'être rattrapée par Thomas. Elle se retrouve dans ses bras, mais ce n'est pas que du bonheur. Elle est si fatiguée, incapable du moindre geste, de la moindre pensée. Thomas l'assoit le dos au mur et s'accroupit à côté d'elle.

Elle essaie de construire une phrase :

— Tu...

Mais les mots se refusent.

— Mme Forquin m'a tout raconté. Tu te souviens que nous nous sommes rencontrés dans son cours. Je t'accompagnais au piano, mais tu ne me voyais pas. Un jour, j'ai pris ta défense. Elle ne m'en a pas tenu rigueur, nous sommes restés en contact même après mon départ du Conservatoire. Elle m'a téléphoné après votre discussion. Elle n'a pas voulu te le montrer, mais elle est très inquiète. Nous avons parlé de ton avenir...

— Alors... ?

— Non, je ne t'en veux pas. Oui, tu m'as bien mené en bateau. David Moser n'est pas seulement un « baratineur », comme tu as tenté de me le faire croire. L'agent artistique t'a fait une sacrée proposition, que tu mérites, en plus. Mais tu n'étais pas obligée de nous mentir à ce point.

— Et toi... ?

— Ce que j'en pense ? Ah, enfin, on me demande mon avis ! Pas trop tôt ! Je suis persuadé que, si tu acceptais, tu ferais une énorme bêtise.

Les réponses de Thomas ont d'abord apaisé Lisa. C'est comme se pelotonner contre un énorme, et très doux, ours en peluche. Petit à petit, son cerveau s'est remis à fonctionner et, à présent, elle l'écoute d'une oreille attentive.

— Une bêtise ? Tu dis ça parce que t'es jaloux...

— N'importe quoi.

— Tu imagines la chance qu'on m'offre ? C'est unique.

— Peut-être. Mais...

Thomas est incapable de poursuivre. En silence, les larmes glissent sur ses joues. Dans un premier temps, Lisa ne remarque rien. Puis, intriguée qu'il ne parle plus, elle se tourne vers lui.

— Thomas... Tu pleures ?

— Une poussière dans l'œil.

Le garçon tente de ravaler ses sanglots, en vain. Il lâche prise, plié en deux.

— C'est mon départ qui te met dans cet état ? s'alarme Lisa.

Thomas relève brusquement la tête, fureur et chagrin mêlés.

— À ton avis ! Qu'est-ce que tu crois ? As-tu pensé à nous ? Qu'est-ce qu'on va devenir si tu t'en vas ?

— Le groupe ? Oh, vous trouverez sans peine une autre chanteuse.

Thomas ne décolère pas.

— Mais non, tu n'as rien compris ! Je veux parler de toi et moi.

— Toi et moi ? C'est si important ?

— Ben... je croyais que tu... enfin...

— Moi, oui, je craque pour toi. Depuis le premier jour. Mais toi... ?

— Je t'aime, Lisa. Je sais, je ne le montre pas trop, mais c'est là, ça ne me quitte pas.

« Là », c'est son cœur. Thomas vient de le désigner en faisant sa déclaration à Lisa. Une très courte déclaration. Lisa en espérait davantage, c'est si bon à entendre. Thomas renifle bruyamment tandis que Lisa cherche à mettre de l'ordre dans ses pensées. Tâche impossible : son cœur s'affole trop pour qu'elle retrouve la raison.

Sans ajouter un mot, Thomas se lève, époussette son pantalon et se dirige vers la sortie. Lisa pense qu'il va aux lavabos passer de l'eau sur son visage, mais non. Il a ouvert la porte sur trois visages familiers. Nora, Jim et Marc... qui, visiblement, attendaient depuis un moment dans le couloir.

Ils semblent impatients. Thomas se penche vers eux et leur chuchote quelque chose. Lisa n'aime pas la tournure que prennent les événements. Pourquoi ces messes basses ? Que cherche-t-on à lui cacher ? Thomas lui aurait-il joué la comédie ? Était-il sincèrement ému ou faisait-il semblant pour la détourner des propositions de David Moser ? Trop de questions engendrent la méfiance...

Nora se détache du groupe et fonce sur elle, tout sourires.

— Alors, veinarde, c'est dans la poche, il paraît ?

Lisa reste prudente.

— De quoi tu parles ?

— Mais, tu sais bien...

À leur tour, Marc et Jim l'entourent, pleins d'affection, ce qui n'était encore jamais arrivé. « Bizarre, vraiment », songe encore Lisa, qui ne baisse pas la garde. Elle sent alors des bras envelopper doucement ses épaules et un tendre baiser se poser sur sa nuque. Thomas la serre contre lui. Un rêve.

— Je vous présente Lisa Mathieu, proclame-t-il d'un ton solennel. Pour la musique et pour mon cœur, elle est irremplaçable. Je sais que vous me comprenez. Et je sais aussi que vous êtes d'accord avec moi pour la supplier, à genoux s'il le faut, de rester avec nous.

Lisa se délecte de ces paroles exquises, aussi sucrées que du miel. Ses derniers doutes s'envolent.

Un jour, peut-être, elle entamera une carrière solo, elle signera un contrat avec un agent. Mais, pour l'heure, sa place est au micro du groupe Karma. Au milieu de ses amis. Et aux côtés de Thomas, l'élu de son cœur.

— Je reste, proclame-t-elle.

Suis pas à pas la formation du groupe de Lisa, Nora, Thomas, Jim et Marc :

musik et compagnie

1. **Premiers accords**
2. **Trop beau pour être vrai**
3. **Coup de cœur**
4. **Future star**

Découvre la collection :

Heartland

1. Je reste !
2. Après l'orage...
3. Une nouvelle chance ?
4. Le prix du risque
5. L'impossible retour
6. Un jour, tu comprendras
7. Le champion brisé
8. Le cœur noué
9. Le messager de l'espoir
10. Une ombre au tableau
11. La vérité... ou presque
12. D'obstacle en obstacle
13. Coups du sort
14. Tout change !
15. Une autre famille
16. Un retour mouvementé
17. Un espoir dans la nuit
18. Le courage de partir
19. Le choix d'une vie
20. Un si grand bonheur
21. Demain est un autre jour
22. Au-delà de l'horizon
23. Un nouveau venu
24. L'amour n'est pas aveugle
25. L'amour en partage

Le guide de Laura *(hors-série)*
Souviens-toi, Laura *(hors-série)*

Découvre vite

Journal d'un coup de foudre

1. **French Kiss**
2. **Larmes et paillettes**
3. **Baiser volé**

Cet ouvrage a été composé par
PCA - 44400 REZE

Impression réalisée sur Presse Offset par

BRODARD & TAUPIN

GROUPE CPI

La Flèche (Sarthe), le 26-04-2006
N° d'impression : 35024

Dépôt légal : mai 2006

Imprimé en France

POCKET jeunesse

12, avenue d'Italie

75627 PARIS Cedex 13